日本人の明治観をただす

中塚 明
Akira Nakatsuka

高文研

はじめに――この本の目的

ヨーロッパからアジアにひろがる広大なユーラシア大陸の東の縁に弧状につらなる島国、日本が「江戸」から「明治」に時代がかわって、わずか四〇年そこそこで、世界の五大国の一つになりました。

国際的な地位が急上昇したのです。世界の歴史上、目を見はるできごとでした。

これを日本ではいまでも誇りにしていて「明治一〇〇年」、「明治一五〇年」と政府が祝賀事業をおこない、世間でもひろくそれに呼応してさまざまな催しがおこなわれたりしています。

ところが、日本は、「日清戦争（一八九四～九五・明治二七～二八年）から五〇年」、「日露戦争（一九〇四～〇五・明治三七～三八年）から四〇年」で、これまたあわただしく没落しました。一九四五（昭和二〇）年、アジア太平洋戦争での敗戦で、大破綻したのです。

「五〇年」、「四〇年」というのは、私たち一人ひとりの人生経験にてらしても決して長い時間ではありません。まして「輝かしい帝国」を築いたはずの日本が、こんな短い時間でみじめに没落したのです。

どうして日本は、歴史のこのようなめまぐるしい移り変わりを経験したのでしょうか。

敗戦後、長らく内閣総理大臣の地位にいた吉田茂（一八七八〜一九六七）という政治家がいました。元、外交官です。一九四六（昭和二一）年五月の第一次から（一九四七年五月〜四八年一〇月の間を除き）一九五四年一二月まで、第五次にわたる吉田内閣を組閣しました。その間、サンフランシスコ講和条約、日米安全保障条約に調印、敗戦後の今日にいたる日本のたどった道の基礎をつくった政治家です。

彼は、「全生涯を通じて、一九三〇年代の危機は、過激で陰謀的な軍国主義者の抗しがたい圧力にそのかされて、明治、大正の伝統外交から逸脱したところから起こったという見方から決してはずれることがなかった」と言われています（ジョン・ダワー『吉田茂とその時代』、ＴＢＳブリタニカ、上、一九八一年、二三三〜二三四ページ）。

満州事変から敗戦にいたる一五年におよんだ戦争は、「明治の遺産」ではなく「明治への背信」によるものだというわけです。

敗戦後の日本の軌道を敷いた吉田茂のこの日本近代史の見方は、現在に至るまで、日本政府、政界はもとより、思想・文化の世界でも、「明治は栄光の時代」という通念になってひろく受けつがれています。

一九四五年の敗戦の原因を、明治にまでさかのぼって探求してみようとする歴史の研究者はきわめて少数です。

私は一九六〇年代からほぼ一貫して日清戦争をはじめ、日本が「帝国」に発展していく過程、そしてその日本の「帝国への発展」が「隣国朝鮮の犠牲と没落」の歴史と表裏の関係にあることを明らかにし、また世間にも訴えながら、日本近代史の研究を続けてきました。

私は、「明治は栄光の時代、昭和前半は汚辱の時代」という、いまの日本では大人気の司馬遼太郎の『坂の上の雲』に代表されるような主張には賛成できません。

なぜ、そう思うのか？

そう思う根拠はなにか？

その根拠は「明治」そのもののなかにある！

それを明らかにすることがこの本の目的です。

＊──目次

装丁・装画＝小林　真理（スタルカ）

序

「世界史のなかの近代日本」、そして「明治」という時代

世界史のなかの近代日本――東アジアの小国から五大国の一つへ

一九世紀のなかごろ、それまでの徳川幕府と、その支配下にありながら独自の領地を持っていた大名たち――その数はほぼ二六〇～二七〇家――による国土の分割支配＝「幕藩体制」をあらため、天皇を頂点とする中央集権の国に変革＝《明治維新》(西暦一八六八年の一〇月二三日に「慶応」から「明治」に年号をあらためた)、それからわずか四〇年そこそこで、日本は世界の五大国の一つに急上昇したのです。

「明治」と年号が改まったころの日本は、北海道・本州・四国・九州の四つの島とその周辺の小さな島々からなる国でした(その面積は約三七万㎢、人口三三〇〇万人余り、国の中央財政一般会計の規模は、明治元年には約三〇〇〇万円程度でした)。

それが、明治のおわりごろには世界の五大国の一つと言われるようになりました。

「世界の五大国」といっても、どの国を指すのか、時代によってちがうのですが、二〇世紀のはじめごろ、日本が日露戦争に勝ち、さらに第一次世界大戦にも参加して戦勝国になったころの世界では、アメリカ・イギリス・フランス・イタリアとならんで日本が加わり、「世界の五大国」といわれました。

ところが、日清戦争から五〇年目、日露戦争から四〇年目の一九四五（昭和二〇）年に、日本は大破綻します。一九三一（昭和六）年の満州事変から日中全面戦争（一九三七・昭和一二〜一九四五・昭和二〇年）、そして一九四一（昭和一六）年からのアメリカ・イギリスなどとの戦争に敗北したのです。領土も日清戦争以前の状態になりました。

明治維新（一八六八年）から数えても七七年目で、いったん五大国の一つにまでなったかと思うと、それから半世紀もたたないうちに「日本帝国」は崩壊したのです。なぜ、そんな短い時間のあいだで、こんなにも急転回してしまったのでしょうか。

なぜ「日清戦争から五〇年」「日露戦争から四〇年」で大破綻したのか？

私は一九六〇年代からほぼ一貫して日清戦争、そして日清戦争のとき外務大臣であった陸奥宗光が書き残した、日清戦争での外交指導の書物、『蹇蹇録《けんけんろく》』（一〇一ページ参照）の研究に従事してきました。さらに私の関心は、近代における日本と朝鮮の関係を歴史的に調べることに向かいました。

研究が進むに従い、「明治は栄光の時代、昭和前半は汚辱の時代」という第二次世界大戦後の日本近代史についての日本で通用している一般的な考え方に大きな疑問を持つようになりました。

そうした研究の過程で、私は、一九四五年の敗戦の原因を考えるには、満州事変以後のことだけを問題にしていてもわからない、明治にさかのぼってとりわけ日清戦争・日露戦争で日本がなにをしたのかを考えなければならない、また日本では、日清戦争や日露戦争について日本政府や軍部はその戦争をどう記録してきたのか、日本人は日清戦争や日露戦争でなにを記憶したのか、——こういうことを調べてみる必要がある、こういうことを縦にも横にも深く掘り下げて考えてみなければ、「昭和の戦争」とその敗因を歴史的にさかのぼって知ることはできない、と確信するようになりました。

この本で考えたいこと

『日本人の明治観をただす』と題するこの本は、私の研究生活で得た成果を読者の皆さんにお伝えし、日本の近代史をいっしょに考えることができれば、と思って書いたものです。

日本が五大国の一つになったのは、日本が日清戦争で清朝中国に、そして日露戦争で帝政ロシアに勝利した結果であることはいうまでもありません。そして、この二つの戦争で日本がめざした最大の目的は、「日本が朝鮮を支配する」ことでした。

しかし、昨今、「明治一五〇年」のキャンペーンで「明治の歩みを次世代に遺す」とか、「明治の精神に学び、さらに飛躍する国へ」などと言われているとき、この二つの戦争の実態を問う議論などは、まったくお目にかかりません。

安倍晋三首相は、二〇一五（平成二七）年、首相として「戦後七〇年談話」を発表しました。そこで明治についてつぎのように述べました。


百年以上前の世界には、西洋諸国を中心とした国々の広大な植民地が、広がっていました。圧倒的な技術優位を背景に、植民地支配の波は、十九世紀、アジアにも押し寄せました。その危機感が、日本にとって、近代化の原動力となったことは、間違いありません。アジアで最初に立憲政治を打ち立て、独立を守り抜きました。日露戦争は、植民地支配のもとにあった、多くのアジアやアフリカの人々を勇気づけました。


安倍首相が「戦後七〇年談話」で「明治」について語ったのは、これだけです。

「日露戦争をまるで植民地の解放戦争であったかのように」言い紛《まぎ》らわしたのです。

「言い紛らわす」とは、《本筋からそれたことを言ってごまかす》という意味ですが、安倍首相は、「明治という時代」の本筋を語らず、「明治の日本は西洋諸国の植民地支配に屈せず、日露戦争はあたかもアジアを代表する日本が白人の横暴な帝国主義を打ち破った植民地の解放戦争であった」かのように言ったのです。

しかし、こういう日本の歴史の見方、考え方は、決して「安倍晋三首相」個人のものではありません。多くの日本人をとらえている日本の近代史の見方です。

しかも、このような現代日本の動向に日本のマスコミの批判的な反応はきわめて鈍いように思われます。日本政府が推進した「明治一五〇年」を記念するイベントについての日本のマスコミの反応を見ても、くびをかしげたくなることが少なくありません。

その一つとして、『東京新聞』が二〇一八年二月二〇日から四日間連載した「対談「薩長史観」を超えて」を見てみましょう。いまもっとも売れっ子の作家、その連載のリード文によれば「近現代史に詳しい作家」半藤一利さんと「ノンフィクション作家」保阪正康さんの対談です。

日本政府が進める「明治一五〇年」事業を批判的に論じるのに、《「薩長史観」を超えて》というテーマでよいのか、という問題がありますが、それはいまおくとして、この対談の最大の問題は、明治を語りながら、明治期の終盤に当たる日露戦争からはじめていることです。

日露戦争は日本が日清戦争に連続して引き起こした戦争であるのに、そこまでの過程をまったく問題にせず、いきなり日露戦争からはじめるというのは、日本の植民地帝国としての発展の基礎となった朝鮮問題、朝鮮を日本の支配下においたそのプロセスなど、まったく視野にないことを物語っています。

またこの連載の二回目で、半藤さんは「江戸幕府を倒したが、どういう国家をつくろうという設計図が全くなかった」と言っています。これは司馬遼太郎も『明治という国家』(日本放送出版協会、一九八九年)のなかで言っていることと同じで、梅田正己さんの『日本ナショナリズムの歴史』Ⅱ(高文研、二〇一七年)の「あとがき」で、その誤りが的確に批判されています。

明治維新のリーダーたちは、「①まず封建制による分権・分散の幕藩体制を突き崩して、近代的な中央集権国家につくりかえる。②その近代国家においては、身分制を廃止して全人民を「国民」とし、議会を開設して「公論」を集約、それにもとづいて政治をおこなう。③その全国民を統合する軸芯として「神権天皇制」を確立する。あわせて、自分たちがその神権天皇の代理人(有司=官僚)となって新たな統治機構をつくってゆく」――という政治変革の基本構想を持っていました(同書、三〇二ページ。「神権天皇制」については本書二三ページ参照)。

この『東京新聞』の半藤・保阪対談の問題と思うところをさらに指摘しておくと、半藤さんのお話で、「日露戦争後、陸軍も海軍も正しい戦史をつくりました。しかし、公表したのは、日本人がいかに一生懸命戦ったか、世界の強国である帝政ロシアをいかに倒したか、という「物語」「神話」としての戦史でした。海軍大学校、陸軍大学校の生徒にすら、本当のことを教えていなかったんです」と、公刊された日露戦史には戦争の本当のことが書かれていない、との貴重なことも話されています。しかし問題はその後です。

「海軍の正しい戦史は全百冊。三部つくられ、二部は海軍に残し、一部が皇室に献上されました。海軍はその二部を太平洋戦争の敗戦時に焼却しちゃったんですね。……ところが昭和天皇が亡くなる直前、皇室に献上されていた正しい戦史は国民にみてもらった方がいいと、宮内庁から防衛庁（現防衛省）に下賜されたんです。私はすぐ飛んでいって見せてもらいました。……」と日露戦争での日本海軍の戦史に公表されていない秘密の戦史があったことを述べています。

「正しい戦史は全百冊。……」と言っておられるところからおしはかると、これは『極秘明治三十七八年海戦史』のことを言っているのでしょうが、半藤さんのこの話は、じつにいい加減な話です。「全百冊。三部つくられ、二部は海軍に残し、一部が皇室に献上……」というのはまったく事実に反します。

また「昭和天皇が亡くなる直前」に、天皇の意向もあって防衛庁に下賜されたかのように、半藤さんは言っていますが、昭和天皇が亡くなったのは「昭和六四年（一九八九年）一月七日」です。それより一〇年前、「昭和五四年五月号」の『歴史と人物』（中央公論社）通巻第九三号に、「〈新資料〉日露戦争聯合艦隊参謀　秋山真之の手紙　二〇三高地を奪取せよ〈解説〉志摩亥吉朗（元海軍中佐）」が掲載されています。内容は、『極秘明治三十七八年海戦史』第一部九巻備考文書第四二号に収録されている秋山真之の書簡を紹介したものです。そのなかで、この『極秘海戦史』について、志摩さんはつぎのように述べています。

日露戦争後間もなく、海軍軍令部で編纂した『明治三十七、八年海戦史（極秘）』という、百数十冊に及ぶ双書がある。配布先は局限され、海軍部内でも大学校その他諸学校等に勤務の一部の者は閲覧できたが、大半は多年退蔵され、終戦時全部焼却されて、一時は地上絶無になったものとされていた。ところが、奇跡的に処分を免れた一組（一割は欠如）の健在が判明し、二十一年前から防衛研修所戦史部に収蔵されている。

「昭和五四年」の「二一年前」というのは「昭和三三年」＝一九五八年のことです。おそらくこのときに皇居内にあった戦史資料が千代田史料として防衛研究所戦史部（当時は防衛研修所戦史室）に移されたのでしょう。

志摩さんも、この『極秘海戦史』がアメリカ軍によって接収されアメリカ議会図書館に存在していること、また海軍省文書にイギリス海軍への交付記録があることを知りませんでしたが、前者は一九九五年に防衛大学校教授田中宏巳さんによって、また後者は二〇〇四年に防衛研究所図書館史料室調査員北沢法隆さんによって明らかにされました。

『極秘明治三十七八年海戦史』は、全一二部一五〇冊として編纂され、そのうち印刷されたものは一一二冊（目次一冊）等々、北澤法隆さんによって、『極秘明治三十七八年海戦史』の編纂、印刷、供給過程および現存状況が明らかにされており、そのことも含めて、金文子さんの『日露戦争と大韓帝国』（高文研、二〇一四年、一四八～一四九ページ）に、この『極秘明治三十七八年海戦史』の書誌的な解説があります。

半藤一利さんという著名な作家の話になぜこだわるのかというと、半藤さんがこの『極秘明治三十七八年海戦史』を取りあげるならば、「明治一五〇年」という日本政府の企てが進む現在の日本の状況で、『東京新聞』の読者に、「明治のうそ　昭和で肥大」（保阪さん）という『東京新聞』のこの対談の見出しにふさわしい、読者に伝えるべきもっと重要な史実があるだろうに、と思うからです。

『極秘明治三十七八年海戦史』に書かれていて、公刊された戦史に書かれていない、つまりなにを日本の海軍当局は公衆の目から隠したのか、そして、その隠された事実から今日、日本人に何を伝えるべきか、ということこそが問題で、私はその一部をこの本で紹介したいと思っています。

著名な作家の二人の「明治認識」がこのようなありさまであること、それが近年、その報道姿勢からみて市民から高く評価されている『東京新聞』の、しかも四日連続の大型対談で、この程度の偏頗《へんぱ》な歴史認識が堂々と語られている、それはこの大型対談を企画した『東京新聞』の編集者の資質と責任もあわせて問われる問題でもあると私は思います。

こういう日本の現実を私は深く憂慮しています。

1

近代日本の基礎をつくった「明治」

1　近代日本のもっとも基本的な事実、「明治の本質」とはなにか

明治維新（一八六八年）から、五大国の一つになるという「国際的地位が向上」した過程については、さまざまな局面から議論することができるでしょうが、もっとも基本的で本質的な原因は、新たな中央集権的な統一国家日本が、神権天皇制のもと、日清戦争（一八九四〜九五年）と日露戦争（一九〇四〜〇五年）という二つの戦争を戦い、それに勝利したということにあります。

またこの二つの戦争の間には、中国の民族運動である義和団の蜂起に対して、日本は八カ国連合軍による鎮圧戦争にもっとも多い軍隊を派遣して参加した義和団鎮圧戦争（一九〇〇年、北清事変）がありました。

ここで、明治以後から一九四五（昭和二〇）年の敗戦にいたる日本の近代史の具体的な話の前提として、この本でもたびたび出てくる言葉、《神権天皇制》、《神話史観》、《神話国家》などの

言葉の説明をしておくことにします。

これらの用語、歴史的な概念は、梅田正己『日本ナショナリズムの歴史』(全四巻、高文研、二〇一七年)ではじめて提起されたものですが、明治以後の近代日本を理解するのに、きわめて適切な概念であると思います。本書で紹介もして活用させていただくことにします。ここで《　》内の概念の意味するところを私の理解で簡単に解説しておきます。

《神権天皇制》とは、本居宣長《もとおりのりなが》(一七三〇〜一八〇一)などの主張を基礎にし、欧米諸国の圧力の増すなかで成長してきた日本のナショナリズムの中核思想として形成されてきたものです。

そこでの天皇は「すべてに超越し、かつ一切のパワーの根元である「神」としての存在で、「神」の「権威・権力」を備えた「神権天皇」です」。そして「この「神権天皇」を頂点にすえ、それを仰ぎ見る形で国家機構が整備され、それにより全国民を掌握し統治する」政治体制が神権天皇制です(前掲『日本ナショナリズムの歴史』II、二三ページ)。

その背景には、①日本は「日の神」天照大神《あまてらすおおみかみ》の生まれた国である、②天皇はその「日の神」の座を代々受け継いできた「日の神」と同列の「神」である。③天皇の地位は、天地のある限り、永遠に受け継がれる、という本居宣長の思想があります(梅田、同右)。

こういう国家の統治構想は、明治維新のリーダーの一人、伊藤博文を中心とした官僚によってうち固められ、大日本帝国憲法(一八八九年・明治二二年)で確定し、第二次世界大戦の敗戦まで私たちの国、この日本で機能していました。

大日本帝国憲法の第一条は「大日本帝国ハ万世一系ノ天皇之ヲ統治ス」と規定していますが、伊藤博文が著した『憲法義解《けんぽうぎげ》』（岩波文庫で読めます）には、この第一条について「神祖（天照大神）がこの国を創って以来、時に盛衰があり、世の中が乱れたことはあっても、天皇の血統はひとつながりにつながっていて天皇の位は天地と共に窮《きわ》まりないものである」（原文をわかりやすく意訳しました──中塚）と解説していました。

したがってこの《神権天皇制》のもとでの「日本という国」は、『古事記』や『日本書紀』に書かれている「神話」がそのまま歴史の事実とされる《神話史観》がまかり通る《神話国家》として存在したのです。

それは日本という国においてはただ過去のことではなく、この国の内閣総理大臣が、毎年正月には伊勢神宮に参拝することをはじめ、日本の現在にもさまざまに影を落とし、機能している問題であることに注意しなければなりません。

その最近の一例として、二〇一六年、日本で開催されたG7サミット──「伊勢志摩サミット」での行事があります。

このサミットの最初の公式行事として、各国首脳とファーストレディーらによる伊勢神宮の「御垣内《みかきうち》参拝」と記念植樹がおこなわれました。

伊勢神宮の内宮《ないくう》は天皇家の祖先とされている「天照大神」を祀っています。「御垣内参拝」とは、その祭神「天照大神」にもっとも近いところでする正式参拝のことです。もっとも、この宗教儀式にあたる「参拝」は政府の公式行事としては政教分離に反するとして、サミットでは「訪問」とされてはいましたが。

この伊勢神宮は太平洋戦争のとき、「八紘一宇《はっこういちう》」のスローガンのもと、「神の国日本」が世界を支配するとの思想を国民に植え付け、戦争に動員した国家神道の総本山です。「昭和一六年」（一九四一年）の文部省国定教科書、『ヨイコドモ』下で、「日本ヨイ国、キヨイ国、世界ニ一ツノ神ノ国」といわれたその根本となる神社です。

安倍晋三首相のひきいる日本政府は、サミット最初の公式行事としてG７の首脳たちをそこへ集めたのです。

この行事を仕組んだ安倍首相の思惑はどこにあったのでしょうか。このサミットの機会に、日本人の頭をもういちど「神話の世界」にひきもどす、明治以後、一九四五年の敗戦までの「神代からつづく万世一系の天皇像」と国民にひろげたそのイメージを、二一世紀のいまあらためて思い出させ、日本はそういう神＝「神代からつづく万世一系の天皇の支配が当たり前のように続いてきた神の国」であると、二一世紀の日本人の頭に刷り込む、そういう機会としてサミットを「伊勢志摩」で開催したのではないでしょうか。

こうした安倍内閣の思惑は、天皇の退位と新天皇の即位をめぐる皇位継承の過程でもさまざまに発揮されました。

《神権天皇制》は、安倍晋三の内閣のもとでの日本にとって、けっして過去のものではないのです。

さて、明治二〇年代から三〇年代にかけて、日本はわずか一〇年の間に三度の対外出兵をおこない、隣国、朝鮮（大韓帝国）をはじめ近隣に植民地を獲得しただけではなく、アジアの民族運動＝反帝国主義運動に対する「極東の憲兵」ぶりを発揮するアジアにおける唯一の近代的軍事力を持つ国として、帝国主義諸国のなかで注目され、「国際的地位が向上」し、急成長したのでした。

東アジアで唯一の近代的軍事力を持つ国として、対外侵略戦争を連続して引き起こし、植民地帝国の骨格を作ったのが「明治時代」なのです。

天皇制政府は成立以後、北海道を国内植民地のようにして原住民であるアイヌ民族の民族的権利をとりあげ、また琉球王国を滅ぼして日本に併合、台湾にも出兵しましたが、神権天皇制の対外膨張の最大の眼目は隣国、朝鮮でした。

「植民地帝国」＝対外膨張の主眼は朝鮮——木戸孝允の日記

大久保利通・西郷隆盛とならんで「維新の三傑《さんけつ》」といわれた木戸孝允《きどたかよし》（一八三三〜七七）は、「明治元年一二月一四日」（西暦一八六九年一月二六日）の日記に——

……明朝岩公御出立《ごしゅったつ》に付、前途の事件御下問《ごかもん》あり、よって数件を言上《ごんじょう》す。もっともその大なる事件、二件あり。一は速《すみやか》に天下の方向を一定し使節を朝鮮につかわし、彼の無礼を問い、彼もし不服のときは罪を鳴らしてその土を攻撃し、大に神州の威を伸長せんことを願ふ。……（木戸侯爵家蔵版、妻木忠太編、日本史籍協会発行、一九三二年、『木戸孝允日記』第一、一五九〜一六〇ページ。漢字をひらがなになおしたところがあります——中塚）

と書いています。

「岩公」とは岩倉具視《いわくらともみ》のこと、幕府を倒し、天皇を頂点とする新政府をつくった立役者の一人、明治新政府のトップにいた政治家です。

その岩倉具視から日本の前途にとるべき方策を尋ねられたので、いくつか答えたが、そのなかでもっとも大事な問題として、速やかに政治の向かうべき方向を一つに定めて、使節を朝鮮に派遣し、朝鮮の無礼を問いただし、朝鮮がそれに不平のときはその罪を言い立てて、朝鮮を攻撃し、神国・日本の威力を大いに伸ばすことだと、提言したというのです。

「明治元年一二月一四日」といえば、新政府の成立を朝鮮に伝えるため対馬藩の家老、樋口鉄四郎が出発したのが一二月一一日（外務省編纂『日本外交年表竝主要文書』上、一九五五年による）、「一四日」の木戸のこの日記はその三日後のものです。朝鮮の反応がまだ右も左もわからないときの日記です。

つまり、日本の天皇の新政府の成立に対する朝鮮の反応がなにもわからない、朝鮮の反応が「無礼」なのかどうかもわからないときに、すでに天皇の政府の最高幹部が朝鮮への攻撃を新政府の基本方針の第一にあげていたのです。

梅田正己さんは、『日本ナショナリズムの歴史』で、「神話にもとづく神国意識を核として形成された神国ナショナリズムには、その形成過程そのもののなかに排外主義・侵略主義が埋め込まれていたのでした。あわせて、神国ナショナリズムは独断的な歴史認識と結びつきやすいという属性をもつことも、すでにこの段階から明確に示されていたのです」（前掲『日本ナショナリズムの歴史』Ⅱ、五七ページ）と述べておられますが、この木戸孝允の「明治元年一二月一四日」の日記は、そのことを絵に描いたように実証しています。

木戸孝允は、明治維新の変革を主導した政治家のなかでも、幕府や諸大名の封建領主たちの割拠支配体制を一掃し、統一国家の建設が急務であることを積極的に主張しました。ここに彼の最大の功績があると言われています。明治維新の変革の根幹をなす版籍奉還（一八六九年・明治二年）や廃藩置県（一八七一年・明治四年）を積極的に進めたことでも知られています。明治維新の変革を積極的に推し進めた開明派のリーダーと見られていたのです。

木戸孝允は、岩倉具視を団長とする米欧視察使節団（一八七一年一一月から一年一〇カ月におよんだ明治政府の米欧諸国使節団）には、大久保利通とならんで全権副使として参加し、西郷隆盛らの征韓論には同意しませんでした（この使節団については久米邦武編修『特命全権大使米欧回覧実記』岩波文庫、参照）。

しかし、一方で、明治の初年には朝鮮への武力攻撃を第一義的な国策と考えてもいたのです。木戸孝允が師事した吉田松陰が「征韓論」を唱えていたことはよく知られていますが、木戸孝允には、版籍奉還や廃藩置県によって整理の対象となる武士の不満を外に向けるためにも、征韓論の実行が頭のなかに去来していたのかもしれません。また二七〇年前の豊臣秀吉の朝鮮侵略出兵に、木戸孝允の出身である長州藩の武士も参加していたことも記憶されていたかもしれません。さらに「神功皇后《じんぐうこうごう》」の「三韓征伐」（後述、六二〜七三ページ参照）も、国民の目を朝鮮に向けるのにもってこいの話として利用することも考えていたかもしれません。

2　朝鮮へのはじめての武力攻撃――江華島事件

明治政府のもと、はじめての朝鮮に対する武力攻撃が一八七五（明治八）年九月におこなわれました。江華島《こうかとう》事件です。

江華島は朝鮮半島西岸の中央部、漢江の河口にあり、南北三〇㎞、東西一二㎞の韓国では五番目に大きい島です。面積は二九三㎢で、日本の淡路島の半分ぐらいですが、首都ソウルを守るのに非常に重要な位置を占めています。一九世紀の後半になって、フランス軍、アメリカ軍が侵入しましたが、いずれも撃退されていました。

ここに日本の軍艦「雲揚《うんよう》」が接近、砲台と交戦、そしていま仁川空港のある永宗島の砲台を占領、破壊、大砲を奪ってきたのが江華島事件です。

日本の軍艦「雲揚」は、排水量わずか二四五トン、木製の砲艦でした。艦長は海軍少佐井上良《いのうえよし》馨《か》で薩摩藩（鹿児島）出身です。

この井上良馨が指揮する軍艦「雲揚」は、江華島事件の前、朝鮮の東海岸を武力をちらつかせて威嚇しながら偵察航海をしてきました。日本政府の軍事行動の一環であることはいうまでもありません。

その偵察航海の一部始終を書いた報告書がほかの江華島事件の関係書類とともに、現在、防衛省防衛研究所図書館に所蔵されています。『明八　孟春　雲揚　朝鮮廻航記事』（請求記号④艦艇一三九）と題された綴りの書類です。

その目次の二番目の文書、「雲揚艦回航記事御届　八年五月ヨリ七月」が、朝鮮の東海岸を威嚇偵察して長崎に帰港したとき、井上良馨が自分の所属していた艦隊の上部指揮者あてに報告した文書です。

後の江華島事件そのものの詳細な報告書とともに、一連の関係史料の存在は、東京大学の鈴木淳さんの「史料紹介／「雲揚」艦長井上良馨の明治八年九月二九日付け江華島事件報告書」（『史学雑誌』二〇〇〇年一二月号）で、歴史学界にひろく明らかにされました。

私も鈴木さんの史料紹介に教えられて防衛研究所で原史料を閲覧しました。そして同図書館の規定にもとづいて全文書のコピーも入手しました。

この一連の史料には、その冒頭に防衛研究所の戦史室長、西浦進さんが書かれたこの史料の由来、「史料経歴書」がついています。それによりますと、本史料は昭和三十九年四月十三日伊東二郎丸氏（元貴族院議員、海軍政務次官、子爵）から当戦史室に寄贈されたものである。

同氏先考［父親─中塚］の伊東祐麿氏（海軍中将子爵、明治三十九年二月二十六日逝去、享年七十三歳）が所蔵されていたものの由である。

と書かれています。

伊東祐麿《すけまろ》（一八三四～一九〇六）は鹿児島出身の海軍軍人で、一八七二（明治五）年五月から七五（明治八）年一〇月まで「中艦隊指揮官」でした。「中艦隊」とは、当時、日本海軍の「中央艦隊」にあたり、その下に二つの「小艦隊」（東部指揮官の下に六隻、西部指揮官の下に八隻）がありました。日本海軍の文字どおりのゆりかごの時代の艦隊中央のトップが伊東祐麿だったのです。ちなみに弟の伊東祐亨《ゆうこう／すけゆき》は日清戦争当時の連合艦隊司令長官です。

井上良馨は一八七五（明治八）年七月、朝鮮東海岸の偵察航海から長崎に帰港して、すぐに偵察の報告書を、日本海軍の実働部隊である艦隊の中央あてに書いたのです。

その最後の部分、井上良馨が朝鮮の東海岸を偵察して得た「結論」ともいうべき部分を、現在のわかりやすい表現に意訳して紹介します。

「雲揚」の艦長、井上良馨が朝鮮への出撃をうながす

井上良馨は朝鮮東海岸偵察の結論として、なにを提案したのでしょうか。

……くりかえし考えてみますに、この国（朝鮮）は数百年来不開化の習俗にして、実にかたくなで愚かです。ですからすじみちをたてて責めたてても効き目はありません。ただ武力をもって攻めるに越したことはありません。

そもそもこの国（朝鮮）は日本にとってぜひとも必要な土地です。……ですからほかの国が朝鮮を領有すると日本は発展できません。日本が朝鮮を領有するときには日本は国の基礎を強くし世界に雄飛する、その階段を上る第一歩となるでしょう。

嗚呼《ああ》、日本の強弱は、日本が朝鮮を自分の領土にするか、どうか、それはいま行動を起こすかどうかにかかっています。

この度《たび》は、朝鮮を攻める表向きの理由は十分あります（日本の開国要請に朝鮮政府が応じないことを指しているのでしょう——中塚）。実に好いチャンスです。かつ近ごろ朝鮮国内に一揆（農民騒擾、百姓一揆）が起こり、そのほかもめごとなどもあるようです［原文に「詳細は別紙

に書きました」とあります――中塚」。

こういう状況をあれこれ考えますと、これは天がわれわれに与えてくれたチャンスです。もしこのチャンスをのがして朝鮮を討たないときは、後々悔やむことになるかもしれません。ただ私が恐れるのは、日本人には、朝鮮は強い国で攻めるのに容易ではないと思われているのではないかということです。決して強い国ではありません。私がみずから実際に見てきたところですが、東海岸では軍備は少しもありません。西海岸には少々あると言いますが、もとより古い大砲でこれを気にかける必要はありません。

そのほか朝鮮国内の事情を探ってみますに、政治がひどくて人民は大いに苦しんでおり、支配者をうらんでいるようです。

このようになにひとつ恐れることはありません。……そのうえ、わが国と距離も近くて、したがって万事運送の便もよろしい。だから昨年（一八七四・明治七年）の台湾出兵より、かえってことは手軽で、必要な経費も少ないだろうと見積もっています。

どうか右に述べましたような好チャンスを深く見抜いていただいて、ぜひ早々にご出兵になるよう希望します。

そういうわけで、雲揚の今後の進退、どう動けばよいか、お伺いするために、六月三〇日令時（零時）一五分釜山を出港し、七月一日午後一時五五分長崎に帰ってきました。

ひたすらに夜も昼も出兵のご指令を待つだけです。

これまで書きましたように、親しく目撃してきたことをご参考までにお届け申します。

と書いて、「艦隊指揮」（前出の伊東祐麿「中艦隊指揮官」）あてに出しました。

日本の海軍は、この井上の報告を読み、すべてを承知したうえで、「雲揚」を朝鮮の西海岸に派遣したのです。井上良馨はずっと後に回顧して、「おりから九月になって、私は本国政府の訓電をうけた。貴官は韓国西海岸より清国営口に至るまでの海路を研究する名義の下に、示威運動をつづけられたい、こういうのぢゃった」と語っています（井上良馨「追憶秘話　江華島事変」、大日本雄弁会講談社『現代』、一九二九年一月所載）。

江華島事件はこの示威運動のなかで雲揚の挑発によって引き起こされたのです。

3　歴史の改竄は朝鮮侵略の第一歩から

この江華島事件については、井上良馨の戦闘報告といってよい詳細な報告書が防衛研究所の図書館にあります。これは先にふれました鈴木淳さんが『史学雑誌』に紹介されてはじめて明らかにされたものです。鈴木さんの史料紹介、前掲の「「雲揚」艦長井上良馨の明治八年九月二九日付け江華島事件報告書」（『史学雑誌』二〇〇〇年一二月号）をつぎに紹介します。

この「明治八年九月二九日付け江華島事件報告書」をここでは《9・29報告》と呼ぶことにします。

これに対し、従来、日本政府が公表していた江華島事件についての報告書は、同じ井上良馨による「明治八年一〇月八日付報告書」（『日本外交文書』第八巻、一三〇～一三二ページ所収）です。これを《10・8報告》とします。

「江華島事件」は、日本では「飲料水をもとめていたところを砲撃された」となかくいわれてきました。例えば吉川弘文館『国史大辞典』、藤村道生執筆の「江華島事件」には、「……雲揚号は京仁地方防衛の任にあたる江華島砲台付近に進出し、端艇で飲料水採取中砲撃をうけて応戦……」と書かれています。

江華島事件の「公式報告書」《10・8報告》

まず、日本政府の江華島事件についての「公式の報告書」は、『日本外交文書』第八巻に収録されている「朝鮮江華島事件ニ関スル件」と題する文書群のなかの「五七　十月十七日　寺島外務卿ヨリ各国駐箚《ちゅうさつ》帝国公使宛　江華島事件ノ経過ニ関シ報知ノ件」、すなわち日本の外務大臣から外国に駐在している日本の外交官あてに送られた日本政府の江華島事件についての公式報告書、言いかえれば、外国に派遣されている日本の公使（いまでいえば大使）から、赴任しているその国の政府に対して説明する江華島事件についての日本政府の公式の報告書です。

その報告書に付けられている「付属書」の一つに「十月八日雲揚艦長井上少佐ノ江華島事件報告書」が付けられています。これが《10・8報告》の全文です。

それをカタカナをひらがなになおすとともに、できるだけいまの平易な言葉になおしながら、句読点をいれ、部分的には省略しながら、しかも要点を損なわないようにして紹介します。

まず、報告書の表題です。

朝鮮航海の節、我が雲揚艦、彼（朝鮮）より暴撃の始末、帰京の上、委細上陳《じょうちん》仕《つかまつ》るべき旨、先般、長崎港までの電令を奉じ、昨七日、米脚《ママ》船コスタリカ号より帰京につき、事実、上陳する、左のごとし。

雲揚が朝鮮側より「暴撃の始末」、暴撃とは「にわかに撃つ、無謀な攻撃」などの意味がありますが、この《10・8報告》では、その表題から、「朝鮮側から不意に無謀な攻撃を受けた」と書かれています。その顚末《てんまつ》をくわしく報告するように、長崎港まで電報で申しつけられたので、昨日、七日、アメリカの客船コスタリカ号で東京に帰って来ましたので、事実を申し述べます――というのが報告書の表題です。

それでは、報告書本文はどう書かれているのか、文中の傍線は原文にはありませんが、この《10・8報告》で使われている〝水〟に関する部分を特に明示するためにこの紹介で私がつけたもの、また［ ］内は原文の注、（ ）内は中塚の補注です。江華島が江花島になっていたりする地名の間違いは訂正してあります。

私は、先ごろまで対馬海域の測量をした後、朝鮮の東南西海岸より支那（外国人による中国の呼称で、中国人は用いません。日本では江戸時代のなかごろから次第にひろまり、第二次世界大戦まで中国の一般的呼称として用いられました）の牛荘（遼東半島の西側、遼東湾からやや内陸の地名）あたりまでの航路研究の命令をうけて出艦しました。

朝鮮の東南海岸の航海を終えて、西海岸より牛荘に向かうことになりましたが、蓄水（雲揚が積んでいる飲料水）を胸算用してみましたら牛荘に到達するまでには不足するようなので、朝鮮の港に寄港して良水を蓄えようとしました。

しかし、その航路は雲揚はいうまでもなく日本の艦船がいまだに航海したことのない海路なので、良港の有無、海底の深浅など詳しくわかりません。それで既刊の海図をひろげて研究してみますと、ただ一つ、江華島のあたり、京畿道サリー河口（江華島の東側を流れる塩河の河口）だけ深浅の概略を記載しているので、これを幸いと針路をその方向に向けて、九月一九日、月尾島（島名）に沿い投錨しました。

翌日、同所を抜錨し、江華島に向かい航行し、鷹島を北西に望んでしばらく投錨しました。この海域は日本の艦船が航海したこともなく水路もよくわかりませんので、士官（将校）をして探水あるいは請水させましたが、（「探水」や「請水」という字句は江華島事件を水を求めていたのに朝鮮側から不当に撃たれたと強調するために作られた字句で熟さない用語です）私自身不安なのでみずから端艇（ボート）に乗って江華の島の南をさかのぼり、第三砲台の近くに到達しました。

航路は狭く岩礁がいっぱいです。河岸を見ますと、小さな丘に陣営らしいものが見えます。またさらに低いところに一つの砲台があります。この辺りに上陸して良水を求めようとして、その衛門および砲台の前をボートで過ぎようとしましたら、突然、彼（朝鮮側の砲台）より我がボートをめがけて銃砲をつぎつぎにはげしく撃ってきました。

私はボートの動きをコントロールし、朝鮮側の弾筋を避けようとしました。しかし、潮の流れを利用してボートを回そうとしましたが逆の潮の流れに妨げられ、また上陸して朝鮮側の行為を問いただそうとしますが、弾丸雨のごとく、進退きわまって危険がいよいよ迫りました。そこでボートを防御し身の安全を守るために水夫に命じて小銃を朝鮮の砲台に向けて発射させ、備え付けの火による合図の信号で危急を雲揚艦に知らせて、ボートを徐々に後退させました。

雲揚艦は艦長の発した火による信号にすぐ応じて、国旗をマストに掲げてやってきました。［我が国旗は朝鮮に釜山の倭館より以前に通知したと聞いていましたから掲げさせました。］雲揚艦は直ちに各砲門を開き朝鮮の砲台に向かって砲撃をはじめました。朝鮮側も発射し互いに砲撃、弾丸が乱れ飛びました。

しかし、朝鮮の発する弾丸はおおよそ十一、二拇（拇・ポンド＝正しくは「英斤」とよぶべきでポンドは日本の呼び方。一斤《きん》・一ポンド≒一二〇匁《もんめ》・四五〇グラム）、走力（射程）、六、七丁（日本固有の距離の単位。正しくは「町」で「丁」は略字。一丁は約一〇九ｍ）、たまたま一発が雲揚艦を飛び越えたものがあるだけでした。このとき我が方は一一〇斤、四〇斤の両砲より発射した弾丸が砲台に命中し破壊したことを認めました。

このとき上陸し、朝鮮側の発砲などの行為を尋問しようとしましたが、海路はとても浅く、軍艦を岸に着けることができません。また上陸するといっても日本側の兵隊はごくわずかで談判してもその利益がないことを考えて戦いを止める命令を下しました。

その後、第一砲台（永宗島の砲台）に艦を進め、雲揚から砲撃し、また将校の指揮のもと水兵水夫二二名を引率させ、ボート二艘で乗り出し、岸に到達するばかりのとき、朝鮮側の砲台が発砲、弾丸雨のごとく、雲揚もまた発砲し、水兵たちはボートから上陸しようとしましたが海が浅く、ボートを海岸に着けるのがむずかしい状況でしたが、水兵たちは憤激して直接海に入って、大声をあげて城門に肉薄しました。

朝鮮側もよく守って屈せず、激戦となりました。そのとき二人の雲揚艦の士官が厳命を下し、城壁をよじ登る水兵もあり、この機に乗じて、各士官はそれぞれ水兵や水夫を率い北門、西門、東門にそれぞれ進んで、放火したり発砲したり、進撃のラッパを激しく鳴らし、三方から攻撃しました。朝鮮側は大きく崩れ、この攻撃で敵の死するもの三五名、我が方も水夫が二人負傷しました。その他、敵の逃走するものおおよそ、四、五〇〇名、生け捕りにしたもの上下（？）合わせて一六名、婦人や負傷者はすべて保護して、安全な場所に追いやり、城中はひっそりとして敵の姿は見えなくなりました。

このとき東門の岩上山峰（丘の名）の頂上に国旗を翻《ひるがえ》し、万世橋［敵の逃げ道］のあたりに斥候を配置し、兵士を慰労して休息させました。

そして雲揚から兵員を上陸させ、城内の砲台などから銃砲、剣、槍、旗章、軍服、兵書、楽器などを分捕り、生け捕りにした朝鮮の兵士に命じて、ボートに運搬させました。その後、彼らに食料を与え、ことごとく放免、帰還させました。城中は放火し跡形もなく焼き払いました。

こうして全員、雲揚艦に帰りました。ここに至り飲水いよいよ欠乏し、あちこち探したところようやく樹木の繁茂した一つの孤島を見つけ［他は樹木なし］、かならず「渓水」があるだろうと上陸して探し求めたところ、予想した通り清水を得て積水を都合よくすませることができました。

今回の行動は牛荘あたりまで航行しようとして、思いがけず右に述べましたような朝鮮側の暴挙に際して小さな戦闘になりましたので、ひとまず同月（九月）二八日午前第八時、長崎港に帰り、直ちにことの次第を電報でお知らせし、東京に帰り、詳しく申し述べることを切望した次第です。
右、実況を謹んで申し述べました。頓首再拝。
明治八年一〇月八日
雲揚艦長　海軍少佐　井上良馨

雲揚艦長・井上良馨の「戦闘詳報」《9・29報告》

以上の報告は一〇月八日付ですが、先にも述べたようにこれより一〇日も前に、雲揚の艦長、井上良馨は、長崎に帰港したあとすぐに、九月二九日付けで詳細な戦闘詳報ともいうべき報告書を書いていました。

この《9・29報告》では、戦闘は三日にわたっておこなわれ、江華島だけではなく永宗島の砲台も占領し大砲などを分捕ってきたことがつぶさに書かれています。そして「飲み水」に関しては戦闘の後、九月二三日、長崎に向かって帰港する日の朝、「午前呑水ヲ積ミ、……」と一カ所の記載があるだけです。

《9・29報告》と《10・8報告》の大きな違いは二つあります。

第一は、書きかえられた《10・8報告》では、最初から最後まで、飲み水を求めていたことが一貫して主張されていて、それがあたかも江華島事件の原因であるかのように書かれています。

第二は、《9・29報告》では戦闘は三日にわたっていたことが詳細に書かれていたのに、《10・8報告》では戦闘は一日のことになっている、この二つです。

《9・29報告》は戦闘詳報と言ってよいものです。詳細に朝鮮側と戦った状況が書かれています。字数も、分捕った品物の一覧を書いたところを除いても三一〇〇字余り、《10・8報告》は一五〇〇字でしたから、その約二倍です。

ここでは、《9・29報告》を、前掲の鈴木淳さんの《史料紹介》に拠りながら、ただし文章は中塚の責任で原文をいまの言葉にできるだけなおしながら紹介します。(［　］内は原文の注、(　)は中塚の補注)

まず、報告のまえがきです。

軍艦雲揚は、海路研究として朝鮮西海岸を航海中、本月二〇日、同国京畿道サリー河砲台より暴発し(急に撃たれ)、それより戦争になったいきさつは別紙の通りです。日誌とサリー河図面および永宗城の図面などを一緒に添えて、ことの次第をとりあえずご報告いたします。
明治八年九月二九日
雲揚艦長　海軍少佐　井上良馨

では、日を追って見ましょう。

九月一二日、天気晴。午後四時、長崎出港。それより五島玉ノ浦に至り、天気を見定め、朝鮮国、全羅道、所安島［海図クリチトンダロープ］をへて、海は波静かで、同一九日午後四時三二分、同国、京畿道、サリー河口「リエンチョン」島の東端に外周に障壁を築いた一つの城があります［以下に　第一砲台　と書きますのは、この永宗島の城のことです］。これを北西に望む月尾島に沿って投錨しました。

同月二〇日、天気晴。午前八時三〇分、同所で抜錨。午前一〇時、永宗城の上に鷹島［海図カットル島］を北西にのぞみ錨を投じました。その後、測量および諸事検捜（いろいろ探したり調べたり）、そのうえ、朝鮮の官吏に面会してさまざまに尋問をしようと、海兵（水兵）四名、水夫一〇人に小銃を持たせ、艦長の井上少佐、星山中機関士、立見少尉、角田少尉、八州少主計、高田政久、神宮寺少尉補、午後一時四〇分、端艇を乗り出し江華島に向かって進みました。

同島より海上一里ほどの前に一つの小島があり、この島の南東の端に白壁で囲んだ砲台があります［これを第二砲台と書きます］。四時七分にこの前に到着しましたが、この島には軍事施設は少しもなく、人家がわずかに七、八軒あるのを認めました。

同時（四時）二二分、江華島の南端、第三砲台の前に到着しましたが、航路は狭く岩礁などがあちこちにあり、また海岸の少し小高い平坦の土地に白壁の砲台があります。陣営のようなものもそのなかにありました［水軍の兵舎でしょう］。それより一段低く南の海岸に一つの強力な砲台があります。ここは勇敢な兵士がここを防御するときは、実に有利な要害の場所であると認めました。

ここへ上陸しようと思いましたが、まだ日も高いので、もう少し奥に進んで帰りに上陸することに決し、同三〇分、右営門および砲台の前を通過しようとするとき、端艇を目標として朝鮮側の営門および砲台から突然、大砲や小銃を乱射してきて、雨が降り注ぐようでした。しばらくその動きを見ていましたが、進退きわまり、やむを得ず我が方もまたその日、用意していた小銃をもってこれに応戦し、しばらくは撃ち合いになりました。しかし、なにしろ朝鮮側は多人数で、そのうえ、砲台から大砲や小銃を乱射してきます。我が方は小銃一四、五挺《ちょう》だけです。それで撃ち合いしても益なし。

それでひとまず雲揚艦に帰ることにし、雲揚艦で直接応戦するのがもっともよいと判断して、発砲を止めました。しかし、朝鮮側は砲台には兵士を配置して発砲はいっそう激しく続きました。午後五時になってようやく止みました。午後九時、一同無事に雲揚艦に帰ってきました。

水を求めて……ということはどこにも書かれていません。測量と、勝手に上陸して地元の官吏と会談するという、朝鮮東海岸を偵察したとき、咸鏡道永興府や慶尚道迎日県でも井上良馨がしてきたことを、江華島でも可能だと思っていたのでしょうか。

しかし、首都前面の江華島ではフランス（一八六六年）やアメリカ（一八七一年）の武力侵入の前例もあり、朝鮮側の警戒もきびしかったのです。

夜九時にやっと雲揚艦に帰り着いた井上良馨は、翌日、雲揚を江華島砲台の前面に出して攻撃します。

同月二一日、天気晴。午前四時、全員起床、蒸気機関に点火。午前八時、マストに国旗を掲げて、その後分隊整列。そもそも本日、戦争を起こすことになったのは一同承知の通り、昨日、我が端艇が出測（端艇で測量しているとき?）、第三砲台よりなんの問いただしもなく、みだりに発砲され、大いに困り果てた。このまま何もしないのでは国の恥になり、かつ軍艦としての職務を尽くさないことになる。よって本日、先方の砲台に向かってその罪を攻めることにする。一同、その職務を勤め、国威を落とさないようひたすら努力し、かつ海上でも陸上でも戦争中はすべて静粛にしてすべて命令に従い、不都合のないようせよ、数カ条の戦の法的なことを申し渡し、終わって戦争の用意をして、八時三〇分、錨を上げ、おもむろに進み、大砲を撃つものはその位置に整列した。九時一八分、各砲に弾をこめて砲撃に備え、一〇時二〇分、第二砲台の前を過ぎました。

さらに進んで同四二分、第三砲台の前に到着。直ちに砲台に接近しようとしましたが、なにぶん遠浅で、そのうえ、潮流はげしく、暗礁も散らばっていて近寄ることができません。それでやむを得ずおよそ一六町のところで錨を下ろし［ここでも潮流はげしく船を留めるだけで操船はままならずはなはだ困難です］、ただちに距離を試すために四拾斤を発しましたが、八分遅れて先方よりもまた発砲してきました。

それより戦争、たがいに撃ち合いました。しかし、朝鮮の砲台から発する弾はほぼ一、二拇のものにして飛走すること六、七丁、たまたま一発が遠く飛んでくるものもありましたが、雲揚艦には届かず一、二町手前の海中に落ちて功を奏しませんでした。それればかりか、弾を装填して発射する間に時間を費やすこと数十分もかかっているようでした。我が百拾斤、四拾斤より発する弾丸は海岸砲台に命中し、胸牆《きょうしょう》（砲台を保護するために胸の高さほどに築かれた土塁）を砲撃で破壊したのを二カ所、確認しました。

こうして朝から互いに遠くから撃ち合いましたが、決着がつきません。それで上陸して戦おうとしましたが、なにぶん遠浅で深い泥です。ですから端艇はなおさら、歩行することもできません。ここを少人数で上陸してもあえて利益がないと判断し、上陸するのを止めました。このときもはや昼食時なので、一二時四〇分戦闘を止めました。午前一〇時四二分より同時（一二時四〇分）まで、交戦した時間は一時間五八分、その間、我が方は弾丸二七発を費やしました。

雲揚艦および人員に傷疵《しょうし》（負傷者）なく一二時五六分、錨を上げて第二砲台の近くに投錨、昼食をしました。午後二時四〇分、第二砲台に上陸、そこを焼き払い、同六時五分、同所抜錨、七時三三分、再び鷹島の南に投錨しました。

雲揚艦が、前日、銃撃されたのに対して、江華島の南端、草芝鎮の砲台を砲撃、さらに同島の南方の小島（第二砲台）に上陸して焼き払い、本格的な戦争行為をおこなった九月二一日の戦闘の詳報です。

《10・8報告》では、九月二〇日に最初に端艇が銃撃され、その知らせを信号で受けた雲揚艦がやってきて砲台を砲撃したことが一連のできごとのように書かれていましたが、それは事実ではないのです。この《9・29報告》では、翌日、雲揚艦が改めて草芝鎮砲台の前面まで出撃、雲揚艦から攻撃をしかけて、約二時間、雲揚艦と草芝鎮砲台が交戦、さらに第二砲台を焼き払ったのが、第二日目の雲揚艦の行動でした。

戦闘はさらにつぎの日、第三日目、九月二二日にも続くのです。

九月二二日、天気晴。微風北より吹く。午前五時、総員起床揃う。同五五分抜錨、第一の砲台に向かう。これが永宗城です。

六時一六分、戦争の用意をして、各大砲に榴弾《りゅうだん》（陸上の戦闘で使う弾丸の大半は榴弾で、命中すると砲弾の破片が飛び散る人員殺傷能力の大きい爆弾）を装填して、七時一八分、第一砲台の前面、およそ八町の所に進み、ただちに四拾斤砲を発射し、続いて各砲を発射しました。そのうちの一発が城内に撃ち込まれました。ところが、朝鮮側は静かで反撃してきません。ただ城中に兵士が群集しているのが見えます。

七時三九分、城郭の前に投錨してただちに陸上の戦闘の用意をし、小笠原中尉、星山中機関士、角田少尉、八州少主計、高田政久、神宮寺少尉補、銃隊二二名を引率して、端舟（ボート）二艘に乗って、ちょうど岸に着こうとしたときに、朝鮮側の砲台からしきりに発砲してきました。しかし少しもひるまず、我が方も発砲して進みました。この辺りは浅くてボートを陸に接近させることができないので、海に飛び込んで大声をあげて身をもって城内に迫りました。

敵もまた固く守って屈しません。このとき八分間ほどがもっとも激戦でした。東門は角田少尉、神宮寺少尉補、きびしく命令し、声をあげて城壁を乗り越えました。このときわが方の水夫二人が負傷しました。これより先、八州少主計は北門より、小笠原中尉、星山中機関士は西門より進んで所々に放火し、しきりに発砲しながら、大声をあげ、かつ進軍のラッパを吹かせ、急激に三方面より攻撃しましたので、ついに城を捨てて逃走するもの数百人［このとき城のなかの人員をその場で見てみますにおよそ五百人ぐらいおりました］。

そうしているうちに、高田政久は銃卒二、三名を率いて城壁の外側をまわって朝鮮の兵士が逃走する南門に向かいました。ついに四方より追撃されるので、朝鮮の兵士たちも逃げ道がなくなり、城壁を越えて海岸に走り、衣服を脱いで海に入って逃げようとするものもあり、また岩の間に隠れるものもありました。ここで敵の死者二五名、傷を負うものその数を知らず。逃走スルコト恰《あたか》モ豚児ノ群《むらが》リ曠野ヲ飢走スル如ク、或ハ躓《つまず》キ或ハ転倒シ、其有様抱腹ノ至リナリ。これを皆殺しにするのはいたって容易なことでしたがはなはだあわれに思われ、したがって逃げるものはことごとく見逃し、午前八時二〇分、退軍のラッパを吹き、すべての兵士を率いて東門の前に集め、人員の点検をしました。我が兵士の負傷したもの水夫二名だけでした［内、一名は帰艦の後、午後二時一〇分に死去］。敵、死するもの三五名余、生け捕り頭分（？）五名、その他合わせて一一名、その他、負傷者、婦人などはことごとく無難の場所に逃がしました。

このとき、東門の前の岩山の頂上に御国旗をひるがえし、そして昼飯をしました。このとき、井上少佐が上陸して兵士を慰労し、しばらく休憩し、同九時七分、万世橋などに斥候を配置して、追々、雲揚艦よりも兵士を上陸させ、兵士を分けて、城内の砲台に行って武器を分捕りました。大砲およそ三六門をはじめ、その他、小銃、剣、槍、旗、軍服、兵書、楽器、その他武器類、すべて分捕り、城はすべて焼き払い、生け捕りした一一名は労務者として分捕り品を端艇まで運ばせ、午後九時五九分、すべて運び終わったので、それぞれに食べ物を与えて、助命を宣言して放免しました。

同一〇時三〇分、全員が引き上げて雲揚艦に帰りました。この夜、もろもろの「ランプ」を飾り点灯し（満艦飾）、酒宴を開き、本日の勝利の祝いと死者の霊魂を慰めるため、分捕った楽器を奏でて、各々、愉快を尽くし、その夜、二時になって休憩しました。

《10・8報告》では、一日のできごとであるかのように書かれていますが、永宗島の砲台への攻撃は、朝鮮側の動向がどうあれ、雲揚艦がそれを目的として、まる一日を使って攻撃、破壊した戦闘であったことがよくわかります。私が傍線を引いたカタカナまじりのところの文章は、原文どおりですが、朝鮮人に対するこのような侮蔑をもって井上良馨が行動していたことは、江華島事件そのものを考える上で見逃すことはできません。

さて、翌日——

同月二三日、晴、午前第一〇時、昨日積み残しの大砲を積み込み、一一時同所発艦、午後四時一五分サリー河入口の小島前に投錨しました。

同月二四日、曇、午前呑水を積み、第一〇時三〇分同所抜錨、天気見定めのため、午後五時七分、「ショーラム」湾へ投錨しました。

同月二五日、晴、午前第三時五〇分同所抜錨、天気よろしく海上平穏にして、同廿八日午前第一〇時四九分、長崎に帰還しました。

このように、江華島事件の日本政府の公式報告は、詳細な《9・29報告》から《10・8報告》に大きく書きかえられたことは明らかです。

「書きかえる」といっても、ただ要約するだけの書きかえではありません。あった事実を隠し、最初から「飲料水」を求めていただけなのに朝鮮側が不法にも攻撃してきたのでやむを得ず反撃したかのようにフィクションを加えて書きかえたのです。

こういう書きかえを「改竄《かいざん》」と言います。単なる書きかえではありません。

「竄」という字はむずかしい字ですが、漢和辞典でひきますと「穴部」（あなかんむり）の一三画にあります。諸橋轍次さんの『大漢和辞典』（巻八）によれば、字の意味は「穴と鼠《ねずみ》を合わせて、鼠が穴のなかにいる、即ち、のがれかくれるの意を表す」とあります。「かくれる」「かくす」「のがれる」などの意味がある漢字です。事実をただ要約したりするのではなく、ウソの話にしてしまうのです。

この江華島事件の《9・29報告》から《10・8報告》への「改竄」は、「明治という時代」の日本において、これからたびたび明治国家の権力者たちが用いたやり方でした。

対外戦争での日本軍隊の行動を記述するのに用いられた「改竄」の手法第一号が、江華島事件の報告書だったのです。

明治政府は国際法違反を認識していた

改竄の過程の詳しいことは明らかではありませんが、雲揚艦長であった井上良馨自身が江華島事件から約半世紀あとに語った興味深い談話があります（宮内庁書陵部所蔵の「臨時帝室編修局本」中、公開されている談話記録を編集した書物、堀口修監修・編集『臨時帝室編修局史料「明治天皇紀」

談話記録集成』、ゆまに書房、二〇〇三年、第五巻所収、「井上元帥談話要領」四〇ページ、参照）。

江華島事件当時、海軍少佐であった井上良馨は、その後もいくつかの軍艦の艦長を務めた後、佐世保、呉、横須賀などの鎮守府の長官を含め軍政畑の要職をへて、韓国併合の翌年、一九一一（明治四四）年一〇月三一日、軍人として最高位である元帥にまで登りつめました。海軍軍人で元帥になった三番目でした（ちなみに最初に元帥になったのは西郷従道《つぐみち》〈一八九八・明治三一年一月二〇日〉、二番目は伊東祐亨〈一九〇六・明治三九年一月三一日〉です――中塚）。

その井上良馨が、「大正一三年五月二二日海上「ビル」中央亭開催海軍大学校談話会席上」で語った談話があります。江華島事件から四九年後の談話です。すでに台湾・朝鮮をはじめ植民地を支配する「日本帝国」、そして個人的にも功なり名を遂げた井上良馨の談話であることに注意しながら読まなければなりませんが、ここに「七　江華島事件ノ真相」という談話があります。

長崎に帰って電報を打ったところ、廟堂《びょうどう》（政府）の諸公大いに驚かれ、だいぶやかましくなった。それで自分を東京に呼ばれたが、海軍卿からわざわざ手紙が来て、東京に入る前、内密に横浜で会見したい、それまではいっさい口外するなと言ってきた。

横浜に行ってみると今度の問題が大変面倒になった、いったい陸岸から三浬《カイリ》外なれば公海なれど、その以内、ことに川の中に入り込み三日もおったということになれば、他国の領海に入って戦争したことになり、国際公法上許すべからざることだとの議論があると聞いた。それで自分は三海里以内は領海であるということは万々（十分に）承知だ、しかし国際公法に炭水（燃料の石炭や飲料水）が欠乏したときは、臨時にどこの港湾に行ってもさしつかえないということもある。自分も今（今回は）水を探しに行ったので、別段（とりわけ格別に）悪い所はないと考えると主張した。」（傍線は中塚）

とくに傍線部分からわかるように、

（第一）は政府部内で、他国の領海内の川に入り込み、「三日もおったということになれば、他国の領海に入って戦争したことになり、国際公法上許すべからざることだとの議論」があったこと。これに対して「三日」を「一日」に書きかえたこと。

（第二）はその政府内の議論に対して、井上は「領海内であることは承知しているが、国際公法に燃料や水が欠乏したときは臨時にどこの港湾に行ってもさしつかえないということもある。自分も今回は水を探しに行ったので別段悪いところはないと考えると主張した」。

——というように「改ざん」したのです。

「井上元帥談話要領」は江華島事件の経緯改竄の背景を、みずから語っていて興味深いものです。

日本政府は、明らかに事実をゆがめて、「朝鮮側の不当性と日本側の正当性を強調して」（鈴木淳、前掲『史学雑誌』七〇ページ）、外交上の説明文書をつくり、ヨーロッパ諸国に伝えたのです。

井上艦長を含め海軍の中枢部を中心にこの文書がつくられ、大臣参議一同の承認を得て（前掲、『木戸孝允日記第三』、二四三ページ）、江華島事件の「公式報告書」としたのです。

雲揚は国際法を守っていたのに、朝鮮側が不法にも攻撃してきたというのではありません。雲揚の行動が「国際公法上許すべからざることだ」との認識が、当時の日本政府や海軍部内にもあったのです。しかし、「日本の軍艦、雲揚は国際法を守っていたのに、世界の様子にうとく国際法によく通じていない朝鮮側が不法にも攻撃をしかけてきたのだ」と改竄して西欧諸国に通報したのでした。これが《10・8報告》です。

日本の近代史のはじめから、明治もまだ八年という時期から、日本の朝鮮に対する武力行使がはじまり、そのときから、日本の不当な侵略の行為を隠蔽することと、他方、「国際法もわきまえない遅れた朝鮮」ということをことさらに強調し、「朝鮮の後進性を言い立てることで日本の侵略の事実をおおいかくす」という内外の世論をあざむく操作が、この江華島事件からはじまっていたのです。これは二一世紀の現在でもこの日本で続いています。

日本近代史における朝鮮侵略の第一歩から、日本の軍事行動はウソの話に改ざんされていた事実を、私たちは決して忘れてはなりません。

なお、日本と朝鮮に関する近代史のすぐれた研究者として知られる田保橋潔さんは早くから、その著書『近代日鮮関係の研究』(朝鮮総督府中枢院、一九四〇年。宗高書房、一九七二年再版)で、《10・8報告》についてつぎのような疑問を呈していました。

「この報告書は日時地名については不正確の点が多い。老朽低速の木造小砲艦が、未測の海面を逆潮を犯して(測量もしていない海面をはげしい海流に逆らって――中塚)、航行戦闘に従事したことを思えば、九月二十日、一日間に草芝鎮・永宗鎮両度の戦闘及び勿淄島汲水を完了したかは疑わしい」と(同書、下、四〇九ページ)。

4　日朝修好条規の締結

江華島事件の翌年、一八七六（明治九）年二月、日本政府は朝鮮政府に対して「修好条規」を結ばせます。この「日朝修好条規」は、日本が武力を背景に朝鮮におしつけた一方的な不平等条約でした。

日本では、この「日朝修好条規」は、日本が幕末に欧米諸国から結ばされた不平等条約と同じようなものであったかのような議論がままあります。しかし、これも事実を確かめない、日本の朝鮮侵略の事実をありのままに見ない、日本人の朝鮮蔑視のあらわれの一つです。

だいたい日本が幕末にアメリカをはじめとする欧米諸国から不平等条約を強いられる前に、江華島事件のような不当な軍事攻撃を日本にしかけてきた国はありません。

しかも結ばれた条約内容を確認すれば、それが日本の欧米諸国と結んだ条約と同じだとは、とてもいえないことはすぐわかるはずです。

朝鮮と結んだ「修好条規」や、それにつづいて結ばれた「修好条規付録」（同年八月調印）、「朝鮮国議定諸港における日本国人民貿易規則」、「修好条規付録に付属する往復文書」などを合わせれば、日本政府が、どれほどひどい不平等を朝鮮におしつけたかがよくわかります（これらはすべて外務省編『日本外交年表竝主要文書・上』一九五五年、に収録されています）。

不平等の中身はいろいろありますが、特につぎの三つの点を指摘しておきます。

第一に、日本人の朝鮮開港場における治外法権を認めさせたこと。

第二に、日本の「諸貨幣」の朝鮮国内での流通を認めさせたこと。

第三に、朝鮮の関税自主権を認めないばかりか、日本との貿易に関してはいっさいの輸出入商品に関税をかけないと約束させたこと。

そのうえ、朝鮮にとって不平等きわまりないこの条約の有効期限すら明記せず、「永遠におよぼす」とされたのです。

ところが、「修好条規」の第一款（款＝かん　は、条とか項目などと同じ意味の字。第一款は第一条と同じ）には、「朝鮮国ハ自主ノ邦《くに》ニシテ日本国ト平等ノ権ヲ保有セリ……」と書いてあります（傍線は中塚）。

朝鮮側にとって一方的な不平等な条約なのに、その第一款に「朝鮮国ハ自主ノ邦ニシテ日本国ト平等ノ権ヲ保有セリ」という条文をなぜ書き入れたのでしょうか。

一八七六（明治九）年に、日本政府が清国との戦争を想定していたかどうかは、いま問わないでおくとしても、それから一八年後に日清戦争は起きました。

そのときこの「日朝修好条規」の第一款「朝鮮国ハ自主ノ邦ニシテ日本国ト平等ノ権ヲ保有セリ」という条文が大きくその「効《き》き目」を発揮することになるのです。その「効き目」とはどういうことなのか、それはII章で詳しく検討することにします。

その前に、ここで「神功皇后《じんぐうこうごう》」の話をすることにします。

5 「神功皇后の朝鮮征伐」
――古代から近代までを貫く征服神話

〝神功皇后札〟の登場

〝神功皇后《じんぐうこうごう》札〟ってなに？／神功皇后とは？／「神功皇后の三韓征伐」とは？――耳にしたことはあるが、なんのこと？　よく知らないワ、という読者もおられるかもしれません。しかし、「神功皇后」というのは、近代日本の朝鮮侵略史のうえで、重要な役割を演じた「日本神話上の人物」なのです。

読者もご存じのように、いまではどこの国でも紙幣にはその国の歴史的な人物像が印刷されているのが普通です。日本では明治になって新政府は、一八七二（明治五）年に新しい紙幣を発行しましたが、これには人物像がありませんでした。紙質も悪く偽札も出るというので、政府は

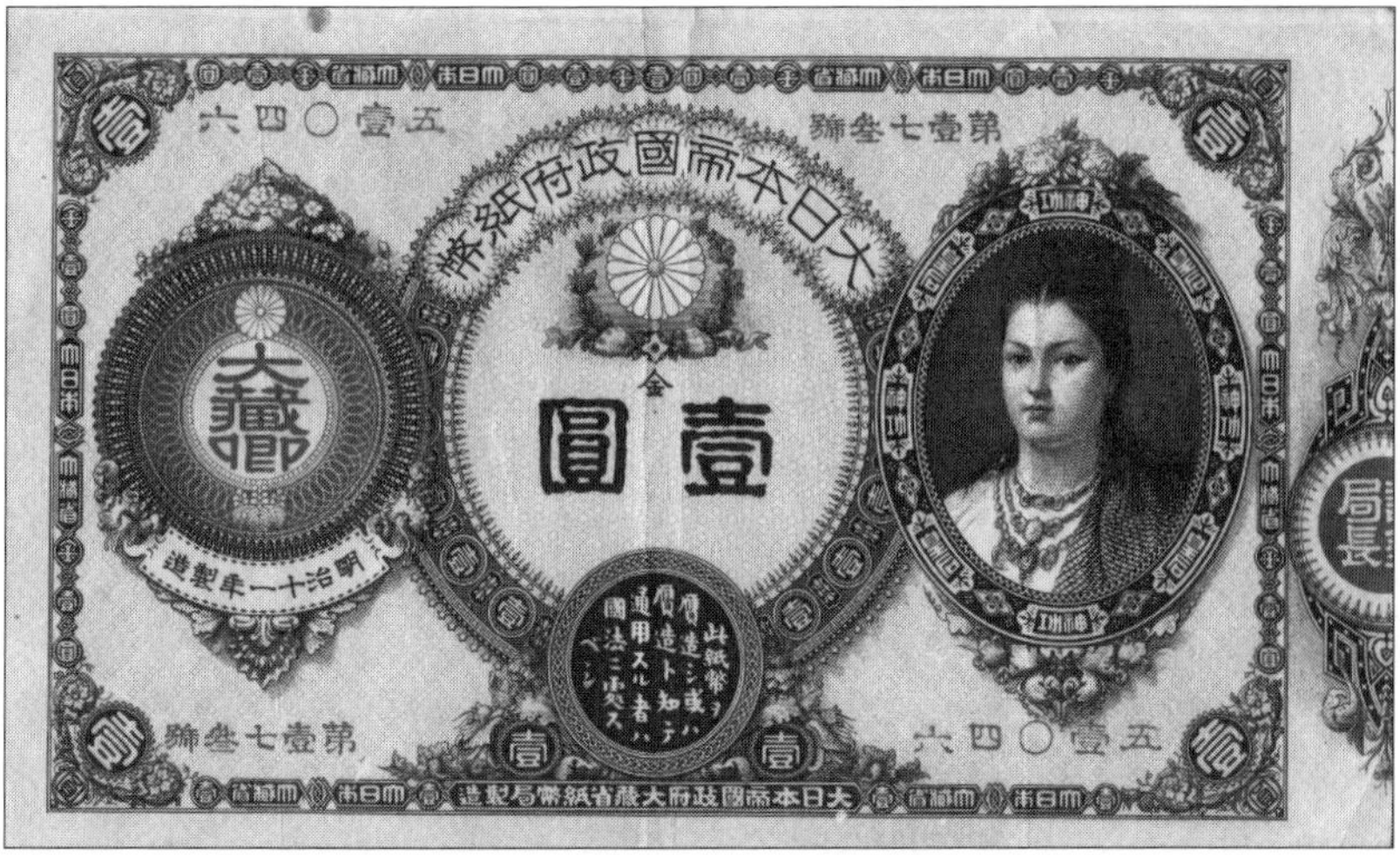

神功皇后札（1円札、1881年発行、日本銀行貨幣博物館蔵）

一八八〇（明治一三）年二月に、拾円、五円、一円、八二年八月に五〇銭、二〇銭と、あわせて五種類の新しい紙幣を発行する旨の布告を出し、古い紙幣と交換することにしました。新しく発行する紙幣を「改造紙幣」と言い、一八八一（明治一四）年二月に一円札、八二年七月に五円札、八三年二月に二〇銭札、同年六月に五〇銭札、同年九月に拾円札が発行されました。

この改造紙幣の一円以上の紙幣に「神功皇后」の像が印刷されました。日本紙幣にはじめて人物像が印刷された、その第一号が「神功皇后」だったのです。

なぜ、紙幣に印刷された人物の第一号が「神功皇后」だったのでしょうか。それは「神功皇后」といえば「三韓征伐」の立役者として日本では古くから伝えられてきた人物だったからです。

神功皇后とは、『古事記』や『日本書紀』に出てくる仲《ちゅう》哀《あい》天皇の皇后、応神天皇の母とされる人物ですが、この人物自体伝説的で実在は疑われています。

『古事記』や『日本書紀』には、仲哀天皇の死後、新羅《しらぎ》を討ち、百済《くだら》、高句麗《こうくり》を服属させたという記述があります。これをもって、後世に「神功皇后の三韓征伐」と言いふらされました。あたかも大和王権＝日本が古くから朝鮮を征服支配していたかのような話には、この神功皇后が主役としてかならず登場することになります。明治以後、日本の朝鮮侵略がすすみ韓国併合にいたるのですが、それ以前もそれ以後もアジア太平洋戦争の敗戦まで、学校教育はもとより、多方面で、日本が大昔から朝鮮を支配してきたかのように日本人に思いこませるため、かならず登場していた「人物と説話」です。

ところが、太平洋戦争の敗戦後、アメリカの日本占領によって、神話にもとづく教材はいっさい禁止されましたから、打って変わって戦後の教育では、「神功皇后の三韓征伐」の話はもとより、その話が日本の近代でどんな役割をはたしたのか、ということもふくめて、いっさい学校ではこの「神功皇后」や「三韓征伐」の話はご法度《はっと》になりました。

しかし、明治以後、この話がどんなに日本人の頭にすりこまれたか、そのはたした役割を歴史的にきちんと理解して、子どもたちにも教えておくことはきわめて大切なことだと私は考えます。そのことを敗戦後の日本の歴史教育が気づかなかったのは、現在から考えて、大きな反省点だと思います。

子どもたちだけではありません。「神功皇后の新羅征討」の話は、知識階層の人びとまでふくめて日本人の歴史認識に大きな関わりをもっていました。この「古代に日本が朝鮮半島に勢力を伸ばしたことの反映」である、また朝鮮に勢力を及ぼしたのだから、その前に日本列島は政治的に統一されていたという日本古代史の重要な筋書きに、この「神功皇后の新羅征討」の話が、十分にその歴史的な意味合いが検討されることなしに援用されてきたのでした。そのことにも注意しなければなりません。

いま日本人の朝鮮に対する歴史認識の問題を考えるとき、私たちは反省を込めて根本からこの「神功皇后の三韓征伐」の話を再検討することが必要です。

そのことも考えて、読者に「神功皇后の三韓征伐」とはどんな話だったのか、そのことを考えるために、『古事記』と『日本書紀』の記述を紹介しておきます。

「記紀神話」のなかの「神功皇后の新羅征討」とは

それでは「神功皇后」とはどんな人物なのか、この人物の行為として「新羅征討」ということが特筆されるのですが、それはどんな話なのか。

『古事記』や『日本書紀』（この二つの書物を並べて言うときには、記紀と言います）に両方とも似たりよったりの話が書かれているのですが、まずそれを紹介しましょう。

『古事記』や『日本書紀』は、古代に天皇が専制的に支配する体制が確立するとともに、国の由来や天皇家の系譜などを記録にとどめる事業がすすんだなかで、前者は七一二年、元明天皇に献上されました。『日本書紀』は七二〇年に完成した官選の歴史書です。

まず、『古事記』の現代語訳文の文章を読んでみましょう。

神功皇后の神がかりと神託

仲哀天皇の皇后のオキナガタラシヒメノ命《みこと》（神功皇后）は、天皇の筑紫《つくし》巡幸の折に神がかりになられた。それは、天皇が筑紫の香椎宮《かしいのみや》におられて、熊襲《くまそ》国を討とうとされた時のことで、天皇が琴をお弾《ひ》きになり、タケシウチノ宿禰《すくね》の大臣が神おろしの場所にいて、神託を乞い求めた。すると皇后が神がかりして、神託で教えさとして仰せられるには、「西の方に国がある。その国には、金や銀をはじめとして、目のくらむようないろいろの珍しい宝物がたくさんある。私は今、その国を服属させてあげようと思う」と仰せになった。

ところが天皇がこれに答えて申されるには、「高い所に登って西の方を見ると、国土は見えないで、ただ大海があるだけだ」と申されて、いつわりを言われる神だとお思いになって、お琴を押しやってお弾きにならず、黙っておられた。するとその神がひどく怒って仰せられるには、「だいたいこの天下は、そなたが統治すべき国ではない。そなたは黄泉《よみ》の国《くに》へ一道《ひとみち》に向かいなさい」と仰せになった。そこでタケシウチノ宿禰の大臣が申すには、「おそれ多いことです。わが天皇様よ、やはりそのお琴をお弾きなさいませ」と申し上げた。そこで天皇がそろそろとそのお琴を引き寄せて、しぶしぶお弾きになっていた。ところがまもなくお琴の音が聞こえなくなった。すぐに火を点《とも》して見ると、天皇はすでにお亡くなりになっていた。

そこで驚き恐れて、御遺体を殯宮《あらきのみや》にお移し申しあげ、（中略）国家的な大祓《おおはらえ》の儀礼を行ない、またタケシウチノ宿禰が神おろしの場所にいて神託を乞い求めた。そこで神が教えさとされた事がらは、すべて先日の神託と同じで、「すべてこの国は、皇后様のお腹《なか》におられる御子《みこ》が統治されるべき国である」とおさとしになった。

そこでタケシウチノ宿禰が申すには、「恐れいりました。わが大神様よ、その皇后様のお腹《なか》におられる御子《みこ》は、男子・女子のどちらの御子でしょうか」と申し上げたところ、「男子である」と神が答えて仰せになった。そこでくわしく神託を乞うて、「今、このようにお言葉でお教えくださる大神は、そのお名前を伺いたく存じます」と申し上げると、すぐに答えて仰せられるには、「これは天照大御神《あまてらすおおみかみ》の御心によるのだ。（中略）今、まことに西の国を求めようとお思いならば、天《あま》つ神・国つ神や、また山の神と河海のもろもろの神々に、ことごとく幣《ぬさ》を献《たてまつ》り、私の神霊を船の上にお祭りして、真木《まき》を焼いた灰を瓠《ひさご》にいれ、また箸と葉盤《ひらで》をたくさん作り、それらをすべて大海に散らし浮かべて、お渡りになるがよい」と仰せになった。

神功皇后の新羅遠征

そこで皇后は、すべて神の教えおさとしになったとおりにして、軍勢を整え船を並べて海を渡って行かれたとき、海原《うなばら》の魚は大小を問わずことごとく御船《みふね》を背負って渡った。そのとき追い風が盛んに吹いて、御船は波に従って進んでいった。そしてその御船の立てる波は、新羅の国に押し上がって、すでに国の半分にまで達した。そこで新羅の国王が畏《おそ》れをなして申すには、「今後は天皇の御命令のとおりに従い、御馬飼《みまかい》となって、毎年船を並べて、船の腹を乾《かわ》かすことなく、棹《さお》や楫《かじ》を乾かすことなく、天地のつづく限り怠ることなく、貢《みつ》ぎ物を献《たてまつ》ってお仕《つか》え申しましょう」と申し上げた。

（次田真幸『古事記』（中）全訳注、講談社学術文庫、一八一〜一八七ページ）

また『日本書紀』には、つぎのように、新羅の日本への従属がさらに強調され、また百済・高句麗までが屈伏したと、「新羅征討」が大成功したかのようにいっそう誇大に書かれます。

冬十月三日、鰐浦《わにのうら》から出発された。そのとき風の神は風を起こし、波の神は波をあげて、海中の大魚はすべて浮かんで船を助けた。風は順風が吹き、帆船は波に送られた。舵《かじ》や楫《かい》を使わないで新羅《しらぎ》についた。そのとき船をのせた波が国の中にまで及んだ。これは天神地祇《てんしんちぎ》がお助けになっているらしい。新羅の王は戦慄《せんりつ》して、なすべきを知らなかった。多くの人を集めていうのに、「新羅の建国以来、かつて海水が国の中にまで上ってきたことは聞かない。天運が尽きて、国が海となるのかも知れない」と。その言葉も終らない中に、軍船海に満ち、旗は日に輝き、鼓笛《こてき》の音は山川に響いた。新羅の王は遥かに眺めて、思いの外の強兵がわが国を滅ぼそうとしていると恐れ迷った。

やっと気がついていうのに、「東に神の国があり、日本というそうだ。聖王があり天皇という。きっとその国の神兵だろう。とても兵を挙げて戦うことはできない」と。白旗をあげて降伏し、白い綬《くみ》を首にかけて自ら捕われた。地図や戸籍は封印して差出した。そしていうのに、「今後は末長く服従して、馬飼いとなりましょう。船使を絶やさず、春秋には馬手入れの刷毛《はけ》とか、鞭《むち》を奉りましょう。また求められることなくても、男女の手に成る生産物を献上しましょう」と。重ねて誓っていうのに、「東に昇る日が西に出るのでなかったら、また阿利那礼河《ありなれかわ》（閼川の韓音か）の水が、逆さまに流れ、河の石が天に上って星となることがないかぎり、春秋の朝貢《ちょうこう》を欠けたり、馬の梳《くし》や鞭の献上を怠ったら天地の神の罰をうけてもよろしい」と。

……（中略）……

高麗《こうらい》・百済《くだら》二国の王は、新羅が地図や戸籍も差し出して、日本に降ったと聞いて、その勢力を伺い、とても勝つことができないことを知って、陣の外に出て頭を下げて、「今後は永く西蕃（西の未開の国）と称して、朝貢を絶やしません」といった。それで内官家屯倉《うちつみやけ》を定めた。これがいわゆる三韓である。皇后は新羅から還られた。十二月十四日、後の応神天皇を筑紫で産まれた。

（宇治谷孟『日本書紀　全現代語訳（上）』、講談社学術文庫、一九〇～一九二ページ）

日本史のなかの「神功皇后三韓征伐説話」

神功皇后の「三韓征伐説話」は、記紀と同時代の漢詩集『懐風藻《かいふうそう》』や『万葉集』の歌にも見られます。そして平安時代をへて鎌倉時代には蒙古襲来＝元寇のあと石清水《いわしみず》八幡社の神官が書いた『八幡愚童訓』では、はじめに外敵の侵入があり、神功皇后はそれを撃退するために出征し、新羅王は「犬」として扱われるような話になります。そして神功皇后が胎内に宿していたという応神天皇を「軍神」として神格化して祀る八幡神社は、源氏をはじめひろく武士の信仰を集め、各地に八幡社がつくられるとともに「三韓征伐」の話も全国的にひろまるようになりました。豊臣秀吉の朝鮮侵略に参加した武士たちは「神功皇后説話」を地で行くかのような意識をもっていました。

神功皇后の「三韓征伐」の話は、江戸時代には、歌舞伎や浄瑠璃を通してひろく日本人の間に共有されていました。江戸時代は日本と朝鮮の間は平和的な関係が続いた時代ですが、それでも、朝鮮から来る「通信使」を描いた「行列記」には神功皇后伝説の解説からはじまり、朝鮮半島から日本への朝貢の延長線上に江戸時代の通信使があるかのように位置づけたりもしていたのです。

明治になって国が管理して発行する紙幣に「神功皇后札」が登場したことは、右に述べたような日本のなかにつづく「神功皇后説話」を、国家の政策として日本国民にひろめることを意味しています。それは明治の日本政府が現実に進める朝鮮侵略政策に日本国民を日常から同調させるための重要な政策の一環であったと言えます。

もちろん、近代日本のなかでの歴史研究者には、つぎに述べるように、神話に惑わされず、「神功皇后の三韓征伐」の説話に同調しなかった学者もいました。

池内宏（一八七八〜一九五二。一九一三・大正二年から一九三九・昭和一四年まで、東京帝国大学文学部に勤め、一九一四年新設された朝鮮史講座を担当した歴史学者）は、この記紀の記載で記録されている地名は、対馬の「和珥《わに》ノ津」があげられているだけで、他に地理上の記載はいっさいない、戦闘についてもなにも書かれていない、遠征の歴史記述としては「はなはだ空疎の感が深い」（池内宏『日本上代史の一研究』、一九七〇年、中央公論美術出版、三一ページ）と言い、また、「皇后の御親征の物語は、史上の事実と認めがたいものである」（同上、五一ページ）と断定しています。

また「遠き神代の昔、高天原《たかまがはら》から降った素盞嗚尊《すさのおのみこと》が新羅にわたって曾尸茂梨《そしもり》の地におりられたとか、……崇神天皇の御世、蘇那曷叱智《そなかしち》といい、都怒我阿羅斯等《つぬがあらしと》というものが来朝したとかいうのは、わが国と（朝鮮）半島との関係を、なるべく遠き古《いにし》えにおこうとする意図のもとに作られた物語であって、もとより歴史上の事実としてとりあつかわるべきものではない」（同上、六五〜六六ページ）と述べていました。

もっとも、こうした記紀批判は東京帝国大学文学部の講義ではおこなわれても、それを印刷して公表することは、神権天皇制のもとでは困難でした。池内の記紀批判などの文献考証をしたうえの日本と朝鮮の古代における交渉の歴史研究が、系統的に公刊されたのは、一九四五年の「日本帝国」が太平洋戦争で敗北した後、一九四七（昭和二二）年のことでした（前掲、池内宏『日本上代史の一研究』巻末の三上次男による「池内宏先生――その人と学問」、参照のこと）。

なお、「神功皇后の三韓征伐」についての最新の研究には、李成市《イソンシ》さんの「三韓征伐―古代朝鮮支配の言説―」（李成市『闘争の場としての古代史――東アジア史のゆくえ』岩波書店、二〇一八年所収）があります。ぜひお読みください。

11

日清・日露戦争と朝鮮侵略

1　日清戦史で隠蔽されてきた朝鮮農民との戦争

近代日本で宣戦布告は天皇の権限でした。大日本帝国憲法の第一三条に「天皇ハ戦ヲ宣シ和ヲ講シ及《じ》諸般ノ条約ヲ締結ス」とあります。

戦争の目的を内外に明らかにしたのは天皇の名で出された〈宣戦の詔勅〉です。

もちろん天皇の名で出されるといっても、天皇が原稿を書くわけではありません。官僚の仕事ですが、きわめて難解な用語が多用され、一般の人間がすらすらと理解できるような言葉づかいではありません。いかにも深遠な真理を述べているかのように重々しい言葉をつらねて宣戦の詔勅は公表されました。

日清戦争（一八九四〜九五・明治二七〜二八年）で、日本はどんなことを内外に宣言して戦争をしたのでしょうか。

日清戦争の宣戦の詔勅「朝鮮の独立」

……朝鮮ハ帝国カ其始ニ啓誘《けいゆう》シテ列國ノ伍伴《ごはん》ニ就《つ》カシメタル獨立ノ一國タリ而《しこう》シテ清国ハ毎《つね》ニ自ラ朝鮮ヲ以テ属邦《ぞくほう》ト稱《しょう》シ陰ニ陽ニ其ノ内政ニ干渉シ其ノ内亂《ないらん》アルニ於テ口ヲ属邦ノ拯難《じょうなん》ニ籍《し》キ兵ヲ朝鮮ニ出シタリ……帝國ガ率先シテ之ヲ諸獨立國ノ列ニ伍セシメタル朝鮮ノ地位ハ之ヲ表示スルノ條約ト共ニ之ヲ蒙晦《もうかい》ニ付シ以テ帝國ノ権利利益ヲ損傷シ以テ東洋ノ平和ヲシテ永ク擔保《たんぽ》ナカラシムルニ存スルヤ疑フヘ《べ》カラス……

わかりやすく意訳してみますと、

……朝鮮は日本がはじめて条約を結んで国交関係を樹立して、近代的な国際関係の世界に仲間入りさせた国で、〝独立〟した一国である。ところが清国（中国）はつねに朝鮮を〝属邦〟と言って陰に陽にその内政に干渉し、今回は朝鮮に内乱（当時、「東学党の乱」とよばれていた朝鮮南部の東学農民の蜂起─後述参照）が起こったのに際して、属邦の難儀を救うということを理由にして軍隊を朝鮮に出してきた……（この清国の行為は）日本が率先して世界の諸々の独立国の仲間に入れたのにその朝鮮の独立国としての地位と、それを表示している条約を「蒙晦《もうかい》」（おおい隠して見えないようにする）にし、日本の権利と利益を傷つけ損害を与え、さらに東洋の平和を保つのを損なうのは疑いないところだ……

というわけです。

東学農民戦争が起こり、清国が朝鮮政府に依頼されたとして鎮圧のため出兵することにしたのに対して、日本政府も公使館および居留民の保護を口実として朝鮮へ出兵して、日清戦争が引き起こされることになるのですが、右に掲げたのが一八九四（明治二七）年八月一日に出された宣戦の詔勅の一節です。

「属邦保護」のため出兵したと通告してきた清朝政府に対して、それは「朝鮮の独立国としての地位とそれを表示している条約」をないがしろにしているというその条約とは、前章の江華島事件の記述の後に述べた一八七六年二月、朝鮮に結ばせた「日朝修好条規」を指しています。

その第一款《かん》の冒頭には、「朝鮮國ハ自主ノ邦《くに》ニシテ日本國ト平等ノ権ヲ保有セリ……」と書いてありました。それが日清の開戦のとき、日本側にとって大きくその「効き目」を発揮することになるのです。その「効き目」とはどういうことなのか。

それを述べる前に、日清戦争の開戦に大きな関わりをもった「東学党の乱」とはどういうことか、について話をしておくことにします。

東学農民の蜂起とそのひろがり

日本の宣戦布告の詔勅に、「其ノ内亂《ないらん》アルニ於テロヲ属邦ノ拯難《じょうなん》ニ籍《し》キ」と言っているその「内乱」とはなにか、それは日清戦争当時から長く日本では「東学党《とうがくとう》の乱《らん》」と誤って呼ばれてきた東学農民の蜂起のことです。

「東学党の乱」――「乱」という表現でかたづけるわけにはいかない、私たち日本人の歴史認識の根元をつく問題をはらんでいますので、ここで「東学農民戦争」の歴史的な概観だけでも、まずお話しておきたいと思います。

✴「東学」とはなにか

一八九四（明治二七）年の早春から初夏にかけて朝鮮の南部（現在の全羅北道を中心とした地域）で大規模な農民反乱が起こりました。当時から「東学党の乱」と呼ばれてきました。

第二次世界大戦後では、この年の干支《えと》が「甲午《こうご》」（きのえうま）の年であったことから「甲午農民戦争」と呼ばれることもありましたが、現在、韓国では「東学農民革命」と呼ばれています。

「東学党」という「党」はありませんが、「東学」の地方組織と結びついて起こった農民の蜂起でした。「東学党の乱」という呼び方は、この農民の蜂起を「許しがたい、ふとどきだ」と思った当時の朝鮮王朝政府や地方役人、また日本政府やまた無批判にそれに同調している日本人から見た呼び方です。

この農民蜂起を朝鮮政府は鎮静化することができず、当時、清国を代表してソウルにいた袁世《えんせい》凱《がい》の働きかけもあって朝鮮政府は清国軍の力をかりて鎮圧しようとしました。この動きに注目していた日本政府はすかさず朝鮮に出兵、その結果、日清戦争が起こることになったのはよく知られているところです。

日本では、「東学党の乱」という言葉は現行の日本史の教科書にかならず出てきます。また、日本の教科書では、「東学」に注がついていて、「東学とは、西学（キリスト教）に対抗する民間信仰」とか、「キリスト教（西学）に反対する民族宗教」などと説明しているのが一般的です。「東学」を、単なる「西学＝キリスト教」に対抗する「排外主義的で閉鎖的な思想・宗教」という考え方では、「低俗な迷信にさらに排外主義も加わった得体の知れない農民反乱」という理解にみちびかれてしまいます。

韓国では、一九八〇年代の全国的な民主化運動のなかで、歴史をさかのぼって民衆運動の研究が活発になりました。東学についても画期的な研究の前進がありました。その結果、韓国の国会で、二〇〇四年三月五日、「東学農民革命参与者等の名誉回復に関する特別法」が成立し、長らく「乱民」とされてきた東学農民の名誉が実に一一〇年ぶりに（！）回復されました。

その研究の成果にもとづいて、「東学」、「東学農民戦争」について、要約して紹介しておきます。

＊東学の思想

東学を朝鮮ではじめてひろめた崔済愚《チェジェウ》（一八二四〜六四）は、朝鮮王朝政府をはじめ支配階級から排撃され、邪教をひろめるものとして処刑されました。

それ以後、東学の布教は公然とはできなくなります。そのため二代目の崔時亨《チェシヒョン》らは農民の間にひそかに布教をすすめ、東学をひろめるのにつとめました。

その特徴は、①「侍天主《じてんしゅ》」、②「輔国安民《ほこくあんみん》」、③「後天開闢《こうてんかいびゃく》」、④「有無相資《うむそうし》」の四つに要約できます。

①「侍天主」は東学思想の核になる考え方で、「すべての人はだれでも自分のなかに「天主」（ハヌルニム）が存在している」、「だれでも自分のなかに「天主」を存在させることができる」という意味です。「天主」とは、特定の「神」をいうのではなく、「宇宙万物の生命の根源」を指していて、だれでも修練・修養を通して天と一体化できる、「天心即人心」――と崔済愚は説いたのです。

これは身分的な差別、男女両性の差別がきびしかった当時の社会にあって、万民平等の、身分の高い低いにかかわらず、男も女も、人はみんな平等だということを主張するのに通じる画期的な思想でした。

②「輔国安民」は、「国の悪政を改め、民を安らかにする」という民本主義的な思想。

③「後天開闢」は、現世の混乱した時代の終末論を主張する一方で近い将来に理想的な時代が訪れる、世のなかの改革、革新の志を表明したもの。

④「有無相資」は、経済的に余力のあるものが貧しいものを資《たす》けるという思想です。

こういう思想が東学組織のねばり強い共同・協同を生み出し、地下組織として東学がひろがることを可能にしたのです（以上、朴孟洙《パクメンス》「東学の実践運動」（第九一回公共哲学京都フォーラム、二〇〇九年八月二三日での報告。金恩正・文炅敏・金元容著、朴孟洙監修、信長正義訳『東学農民革命一〇〇年』、つぶて書房発行、れんが書房新社発売、二〇〇七年、を参照）。

東学は、一方で現実の苦難から逃れようとする幻想的な宗教的側面をもっていたのも事実ですが、朝鮮王朝の末期、政治的・社会的に直面していたさまざまな困難な問題を民衆のレベルから改革し、迫りくる外国の圧迫から民族的な利益を守ろうとする、当時の朝鮮社会の歴史的なねがいを反映した思想でした。

✴東学のひろまり——潜行布教から集団的示威運動へ

創始者の崔済愚は一八六四年、逮捕、処刑され、公然と東学をひろめることはできなくなりました。しかし、彼の教えは、朝鮮王朝末期の各地で民乱を起こした人びとの思いと重なり、人びとの世直しの気持ちと通い合うものでした。

ですから、二代目の指導者となった崔時亨《チェシヒョン》によって、なかば非合法化された苦しい状況でしたが、農民のなかに東学の思想をひろめる努力がつづけられたのです。また、それを受け入れる地盤がひろく農村各地にあったのです。

朝鮮は一八七六年、日本と「修好条規」を結び、資本主義世界のなかにひきこまれます。日本へ米や金の地金などが流出していきます。朝鮮農民の困難は日々に大きくなりました。

一八八〇年代後半になると東学は慶尚道・江原道から南の方、忠清道、全羅道にまでひろがりました。

東学の一番末端の組織は、「接《せつ》」（元来は群れを意味する言葉）と呼ばれ規模は三五〜七〇戸程度でその指導者を「接主」、それが増えるにしたがい、いくつかの「接」をまとめる大接主があらわれ、それら大接主をまとめる中間的な組織が「包《ほう》」です。一八九三年三月、二代目の崔時亨が忠清道の報恩《ポウン》に総本部である「大都所」を設けますが、そのとき各地の「包」の名称を定めて大接主を任命しました。こうして、東学の公式の組織が構成されました。

大都所→包（大接主）→接（接主）という指揮系統が生まれて、包接制度が確立したといわれています。このように東学を信仰する人たちは個々の点の存在から、面として地方にひろまり、東学教団としての主体的な力をたくわえていったのです。

東学信者の〝面〟としてのひろがりが、東学教団の指導部による「教祖伸冤《しんえん》運動」が起こされる背景にありました。「伸冤」とは、「無実の罪を晴らす」ということ、「教祖伸冤運動」は、教祖・崔済愚の処刑は不当であり、彼の罪を取り消し名誉を回復し東学の布教を認めよ、という運動です。一八九二年一〇月、忠清道の公州《コンジュ》集会。同年一一月、全羅道の参礼《サムレ》集会。そして一八九三年二月（陽暦三月）には、ソウルまで進出、王宮・景福宮の光化門前で四十余名がひれ伏して三日間、東学の公認を政府に訴えました。

このソウルでの教祖伸冤運動とときを同じくして、ソウルにあった外国の公使館やキリスト教教会の建物に、「斥倭洋」（日本と西洋の侵入を排斥するの意）の「掛書」（匿名の手書きの張り紙）が張り出され、朝鮮の内外に大きな波紋を巻き起こしました。

しかし、この東学農民の訴えは政府の認めるところとはなりませんでした。

✴湧き起こる農民の大衆運動

こうした間にも、地方の役人の無法、外国の侵入による危急の事態は、農民たちにのっぴきならないものとして迫っていました。

ソウル王宮門前の訴えの直後、崔時亨は、東学の総本部をおいていた忠清道の報恩で大集会を計画、朝鮮全土の東学教徒に報恩に集まるように呼びかけました。一八九三年、それにこたえて集まったもの二万とも三万とも言われています。京畿道、江原道、忠清道、全羅道、慶尚道、つまり朝鮮半島の南半分の全地域から東学教徒が駆けつけ、「斥倭洋倡義」（日本や西欧諸国の侵略に反対し正義を唱える）の旗を掲げて一カ月以上にも及ぶ大きなデモンストレーションがおこなわれたのです。

報恩集会はこれという成果もなく散会しますが、ほぼときを同じくして全羅道の金溝《クムグ》でも集団的示威運動がおこなわれました。報恩から一〇〇㎞あまり西南に、全羅道の中心の街で朝鮮王朝（李王朝）発祥の土地である全州があります。金溝はすぐその南です。

金溝集会は報恩の集会よりも一段と政治的な意気のあがった集まりであったと見られています。これまでの大衆的な示威運動をさらに高め、全琫準《チョンボンジュン》ら全羅道の東学のリーダーたちが表舞台に登場しはじめて、政治的様相をいっそう強めた集会となりました（前掲、『東学農民革命一〇〇年』。申淳鐵／李真榮著、安宇植訳『実録東学農民革命史』、社団法人東学農民革命記念事業会、二〇〇八年、参照）。

✴東学農民戦争の展開

日清戦争開戦の年――一八九四年の東学農民戦争の展開過程を五つの段階に区分して概観しておきましょう。

【第一段階――はじめての武装蜂起】

まずは一八九四年一月一〇日（陽暦二月二六日。起こった日には諸説があります）、全琫準《チョンボンジュン》らが中心になっておこなった古阜《コブ》（現在、全羅北道井邑市）の蜂起です。古阜の郡守、郡役所を襲った東学農民のはじめての武装蜂起でした。政府は郡主を交代させる一方、東学教徒を容赦なく弾圧、農民の怒りをいっそう大きくしました。

【第二段階――革命をめざす東学農民軍の決起】

一八九四年三月下旬（陽暦四月）、古阜から逃れた全琫準らはさらに南下し茂長《モヂャン》（現在、全羅北道南端の街）に向かいました。ここで東学の大接主たちと意志を通じ合わせ、世のなかの根本的な変革をめざして新しく出発することになります。三月二一日（陽暦四月二五日）茂長で倡義文（蜂起の布告文）を発表しました。

「除暴救民」、「輔国安民」の決意を明らかにしてひろく農民に訴えたのでした。一月の古阜での蜂起とは違った《革命におもむく東学農民軍の意志》を明らかにした東学農民軍の出発でした。

農民軍は行動の四原則——

一、人をむやみに殺さない、家畜を捕まえて食べるな

二、忠孝を尽くし、世間を助けて民を平安に

三、日本人を追い出し国の政治を正しく立てなおす

四、兵士を集めてソウルに攻め込み、権力者や貴族たちをすべてなくそう

を定め、さらに、降伏するものは温かく迎える、生活に困っている人は助ける、貪欲でむごいことをしたものは追放する……など「一二カ条の規律」も定めました。

こうして国を正すための農民軍の長い戦い、腐敗した政府との全面対決をめざした戦いがはじまったのです。四月七日（陽暦五月一一日）黄土峙《ファントゼ》で全羅監軍（全羅道の地方軍）を打ち破る最初の勝利のあと、全羅道西海岸の地域をつぎつぎと占領。四月二三日には派遣されてきた朝鮮王朝政府軍

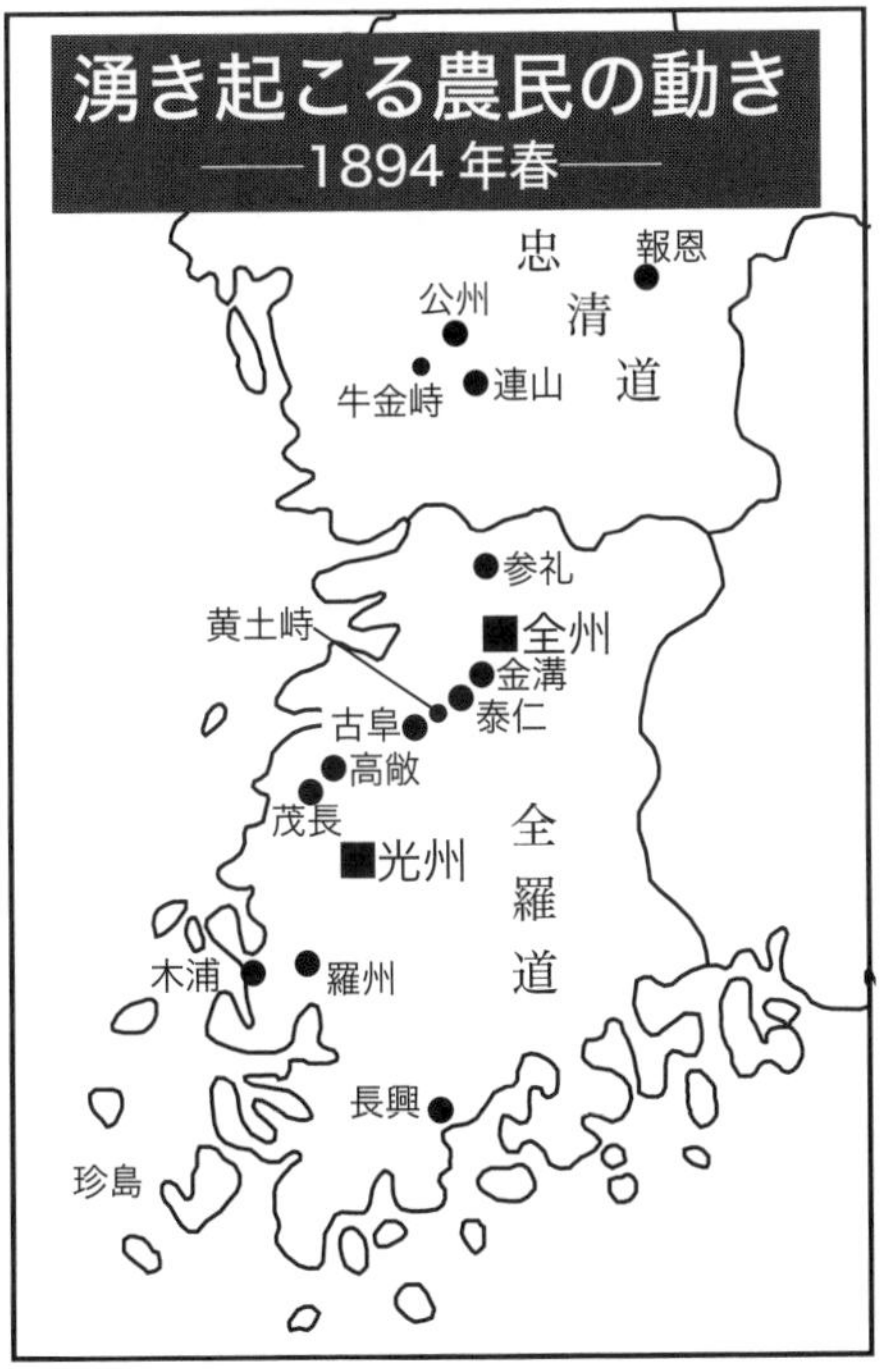

と戦い、これも打ち破り、四月二七日（陽暦五月三一日）、全羅道の首府・全州《チョンジュ》を占領しました。朝鮮王朝発祥の土地が東学農民軍に占領されたのです。王朝政府がたいへん驚いたことはいうまでもありません。

このとき東学農民軍の鎮圧を口実に、清国と日本が朝鮮に出兵してきます。

一方、朝鮮王朝政府軍の反撃をうけて、東学農民軍は全州の占領継続が困難になり、東学農民軍は、悪政改革の二七カ条《全州和約》を政府軍側に出し、全州を明け渡します。東学農民の蜂起はこの《全州和約》を契機に平静化します。

【第三段階――「全州和約」とその実行の様相】

全州で東学農民軍が二七カ条の要求を提出して政府軍と和解したいわゆる「全州和約」をどう見るかについては、多様な意見があります。しかし、東学農民軍側が要求した二七カ条は大別すると、①むやみやたらに税をとる強欲な悪い役人を処罰してやめさせる、②三政（田の税、軍役の代わりに出す人頭税、貸付穀物の利子税）の改善と不当な徴税の撤廃、③外国商人の不法な活動の禁止、などに集約されます。いずれも当時の朝鮮社会が解決を迫られていた緊急の諸問題でした。

農民軍は全琫準、孫化中《ソンファヂュン》、金開南《キムゲナン》などの指導者のもと、自分たちの故郷に帰り、都所（執綱所＝農民軍による一時的な自治機構）を設置し政治改革を進めます。

「全州和約」直後、全羅道監司に赴任した金鶴鎮《キムハクジン》と全琫準の間で談判、その結果、農民の力の強いところでは、面（村）や里単位の行政実務者である執綱をその地域の農民に直接に選ばせるようにしたところもありました。

しかし、改革の様相は地域によってさまざまでした。後に東学農民殺戮のための日本軍が根拠地とした全羅道のもう一つの大きな街、羅州《ナジュ》のように、東学農民軍がなんども攻撃したけれども街に入ることもできなかった保守派の支配が強かったところでは、郷土の民堡軍（守備軍）の力が強く、「全州和約」の実行は望むべくもありませんでした。以上が、東学農民が王朝とその役人たちによる苛政に対して決起した抵抗闘争の顛末《てんまつ》です。第一次蜂起と呼ばれます。

【第四段階――東学農民軍を主力とする朝鮮人民の抗日闘争】

こうして第一次蜂起は収まったのですが、次いで七月下旬の日清戦争の開戦後、再び東学農民は武装蜂起するのです。東学農民軍の第二次の蜂起です。今回の主要な相手は日本軍です。

日清戦争がはじまると、朝鮮では豊臣秀吉軍に侵略された記憶が新たによみがえり、日本軍の侵入に自然発生的な抗日の動きが各地にあらわれました。

東学農民軍による弊政改革の活動は、後に述べる日本軍による朝鮮王宮占領事件までは続けられますが、王宮占領の事実が朝鮮全域に伝えられた八月以降、東学農民軍は地方の改革活動を取りやめ、日本の侵略をはねのけるために、ふたたび武装して立ち上がる準備を急ぐようになりました。

この日本軍との抗戦は、地域も一挙にひろがり、参加する農民軍の規模も、全州の占領にいたる春の第一次の蜂起とはちがって、非常に大規模なものになりました。しかし、この抗日の戦いについては日本ではいまだに無視しています。高校の歴史教科書では一つの出版社の三つの教科書、中学社会では一社の教科書が書いているだけで、大多数の歴史の教科書にはひと言も書かれていません。——なぜ、日本ではこの朝鮮人民の抗日闘争を無視するのか、ぜひ考えてみなくてはなりません。

全琫準が日本軍による王宮占領を知ったのは、八月になってからでした。

すでに東学の農民であろうとなかろうと、朝鮮各地では、日本軍の侵入に反対する戦いがくりひろげられていました。とくに釜山からソウルに向かっている日本軍の武器弾薬などの補給路（兵站線）が攻撃されました。第一次の蜂起のとき、農民軍の動きがあまり目立たなかった地域である忠清道・慶尚道・江原道・京畿道・黄海道でも数多くの農民軍が、反侵略抗日戦の隊列に加わるため蜂起したのです。

この動きにおどろいた日本政府・軍部は、第五師団の後備歩兵独立第一九大隊（日清戦争に際し下関の彦島を防衛するのに動員されていた部隊。以下、後備歩兵第一九大隊と書く）を東学農民を主力とする抗日蜂起を鎮圧するために急きょ朝鮮に派遣しました。一八九四（明治二七）年一一月一二日から日本軍の東学農民軍弾圧作戦が展開されます。日本軍が主力となり、朝鮮王朝政府軍も指揮下におきながら、ソウルから西・中・東の三つの道に別れて南下しはじめます。

全琫準が率いる全羅道の農民軍は参礼から北上し、忠清道の中心地である公州を占領するために進撃をはじめていました。公州を突破されれば農民軍はソウルになだれ込むかもしれない、そう考えて、日本・朝鮮王朝政府の連合軍はすでに公州を占領し、農民軍の北上を阻止するため公州南方の峠、牛金峙《ウグムチ》一帯に陣地を築いていました。

牛金峙では一一月二〇日から二二日まで第一次の戦いがあり、一二月四日から七日まで第二次のはげしい戦闘がくりひろげられました。

しかし、火縄銃に対するライフル銃など、比較にならない火力の差、また急造の農民軍と近代的な訓練を受けた軍隊とのちがいにより、農民軍の劣勢は明らかでした。東学農民軍は大きな犠牲を払いながらも牛金峙を越えることはできませんでした。

【第五段階――牛金峙戦闘以後】

これまでは牛金峙の戦い以後の農民軍は、日朝連合軍の弾圧作戦によって敗退、四散し、朝鮮半島の西南の隅、珍島《チンド》まで追い詰められて一方的に敗北、「殺戮」されたと見られてきました。しかし牛金峙の戦い以後もなお大きな戦いがあったことが、最近の研究で明らかになってきています。日本軍の「東学農民軍討伐隊」で、はじめての戦死者が出たのも牛金峙の戦い以後のことでした。

このことも含めて、日本政府・日本軍が、この朝鮮人民の抗日の戦いにどう対処したのか、その経過と歴史的な意味については、のちほど（一三一～一四五ページ）述べることにします。

このように東学農民軍は日本軍に対して一歩もひかず、果敢に戦ったのですが、その戦意を燃えたたせた大きな要因として、清国との開戦に持ちこむため、日本がとった異様・異常な作戦がありました。

東学農民戦争の第一次蜂起の鎮静化によって朝鮮政府は日清両軍の撤兵を求めます。しかし、日本軍は撤兵を拒否し、日清両軍の朝鮮からの引き上げは実現せず、日清戦争がはじまるのですが、どうしてはじまったのか、日本がとった異様・異常な作戦とはどんなことなのか、それをお話ししましょう。

2　日清戦争の実態①――朝鮮王宮占領

日清戦争、この戦争は「豊島《プンド》沖の海戦」、一八九四（明治二七）年七月二五日、朝鮮仁川《インチョン》の沖合で、日・清海軍の衝突からはじまったということになっています。歴史教科書をはじめＮＨＫのスペシャルドラマ『坂の上の雲』でもこの豊島沖の海戦から描かれていました。豊島というのは、仁川の南方、牙山《アサン》湾入口近くにある小さな島です。清国軍の援軍を積んでやってきたイギリス船籍の高陞《こうしょう》号を日本海軍が撃沈したことでも有名な海戦です。

しかし、日清戦争で日本軍が最初に軍事行動を起こし第一弾を発砲したのは、朝鮮の王宮に向かってでした。ソウルの景福宮を占領し、朝鮮国王を事実上、擒《とりこ》にするためでした。豊島沖の海戦の二日前、七月二三日の早朝のできごとです。

日清戦争から一二〇年以上も経過しましたが、いまではこの日本軍の朝鮮王宮占領の目的やその具体的経過なども、日本の政府・軍の記録などによって相当明らかにすることができます。ここでは、時系列的に、日本の記録が、この日本軍による朝鮮の王宮占領の実態をどう記録していたのか、を明らかにすることにします。

そうすることによって、日清戦争におけるこの朝鮮王宮占領の意味、あるいは日清戦争そのものの意味、また「明治」という時代はどんな時代だったのかを考える、さらには近代日本における「公文書」といわれる記録のありよう、もっと言えば、現在の日本にまでもおよぶ、日本の公権力はどんなことをするのか、そのありようにもおよぶ歴史的事実にせまることができるのではないか、と私は考えています。

朝鮮王宮占領の第一報は大鳥圭介公使の陸奥宗光外務大臣あての公電

朝鮮駐在の大鳥圭介公使から第一報が陸奥宗光外務大臣に届いたのは、この一八九四年七月二三日の午後三時七分でした。日清戦争での第一撃、朝鮮王宮占領についての最初の公電ですから、省略しないで紹介します（カタカナをひらがなに、一部漢字をひらがなにしてあります）。

朝鮮政府は本使（大鳥公使）の――電信に述べたる第二の要求に対しはなはだ不満足なる回答をなせしをもって、やむをえず王宮を囲むの断然たる処置をとるにいたり、本使は七月二三日早朝にこの手段をほどこし、朝鮮兵は日本兵に向かって発砲し、双方たがいに砲撃せり（『日本外交文書』第二七巻第一冊四一九号文書）。

この電報に出てくる——の部分、大島公使の朝鮮政府への要求とは、つぎの通りでした。

■清国兵が朝鮮国内に駐屯しているのは朝鮮の独立を侵害するものであるからこれを朝鮮国内から駆逐せよ（『日本外交文書』第二七巻第一冊四一六号文書）

■日本軍の駐屯のために兵舎を建てよ

この二つを七月二〇日に朝鮮政府に要求し、七月二二日までの回答を求めていたのです。

陸奥外務大臣はすぐ「王宮を囲む処置に出た理由を問い合わせ」の電報をうちます（同右、四二〇号文書）。

それに対して七月二三日の夕方五時発の大鳥公使の返信が打電されます。『日本外交文書』の文書表題は「王宮ヲ囲ミシ際ノ情況報告ノ件」（四二一号文書）です。

全文を紹介しましょう。

発砲はおよそ十五分間も引き続き今はすべて静謐《せいひつ》に帰したり。督弁交渉通商事務は王命を奉じ来たりて、本使（大鳥公使）に参内《さんだい》せんことを請《こ》えり。本使、王宮にいたるや、大院《テウォン》君《グン》みずから本使を迎え、国王は国政および改革のことをあげて君（大院君）に専任せられたる旨を述べ、すべて本使（大鳥公使）と協議すべしと告げたり。本使は外國使臣に回章を送り、日韓間談判の成行《なりゆき》により、龍山《ヨンサン》にある我兵の一部を京城へ進入せしむること必要となり、而《しこう》して龍山の兵は午前四時頃入京し、王宮の後《うしろ》に当る丘に駐陣するため、南門より王宮に沿いて進みたるに、王宮護衛兵および街頭に配置しあるところの多数の兵士はわが兵に向かって発砲せり。よって我兵をして余儀なくこれに応じて発砲し、王宮に入ってこれを守衛せしむるに至りたることを告げ、かつ日本政府においては決して侵略の意なき旨を保証せり。

わかりやすく要約しておきます。

日韓双方の軍隊の撃ち合いは一五分間続きましたがいまはすべて静かになっています。督弁交渉通商事務（朝鮮政府の外交を担当する役所の督弁＝長官、このときは趙秉稷《チョビョンジク》）が、王の命令で、大鳥公使にすぐ国王の御殿に来るように言ってきた。それで王宮に入るとすぐ大院君（国王高宗の実父）が大鳥公使を迎えて、国王は国の政治や改革のことをすべて私（大院君）に担当させるのでこれからはすべて大鳥公使と協議するようにと言われていると大鳥公使に伝えました。

私（大鳥公使）は、ソウル駐在の外国の公使に文書を送って今朝からの情況を説明しました。――朝鮮政府との交渉の成り行きで、龍山にいた日本軍の一部を京城へ進入させることが必要になり、それで龍山の日本軍は午前四時ごろ王宮のあるソウル城内に入り、王宮の後ろにある丘に陣地を設営しようとして南門から王宮の塀に沿って進んでいたところ、王宮を護衛していた朝鮮の兵士、王宮近くの街頭に配置されていた多数の朝鮮の兵士から銃撃を受けました。それで日本軍の兵士もやむなく応戦発砲し、王宮に入って王宮を守衛させることになったことを通告し、かつ日本政府においては決して朝鮮を侵略する気持ちはないことを保証しました。

当時、朝鮮政府は、日本と清国のほか、アメリカ・イギリス・ドイツ・イタリア・ロシア・フランス・オーストリア=ハンガリー帝国などの国々と国交がありました。それらの公使館に今朝からの情況説明をした、と大鳥公使は日本政府あてに報告したのです。

龍山はいまでは大きくひろがった首都ソウルの中心といってもよい繁華街に位置しますが、日清戦争当時はいわば市外にありました。当時のソウルは南大門、西大門、東大門、北大門など大きな門とそれをつなぐ城壁に囲まれて、そのなかに王宮はじめ街があったのです。

一八九四年（明治二七年）の六月一六日、日本軍の大部隊が仁川に上陸して以来、すでに一カ月以上経っていましたが、日本軍はソウルの城壁のなかには入ることができませんでした。

しかし、いよいよ交戦の時期が近づいたと日本政府・軍＝大本営（日本では六月二日に閣議が混成一個旅団の朝鮮派遣を決定すると、次いでまだ開戦してもいないのに六月五日、陸軍は参謀本部内に最高の戦争指導機関である大本営を早ばやと設置していたのです）が判断し、清国が増援部隊を送ってきたら独自の判断で交戦してもよいという許可を、龍山にいる第五師団混成旅団長（大島義昌陸軍少将）に与えたのが七月一九日のことでした。

日清の交戦のときが切迫していたまさにそのときに、日本軍による朝鮮王宮占領がおこなわれたのです。

日清開戦のいきさつを詳細に書くのがこの本の目的ではありませんので、日清戦争の具体的な事実を知りたい方はその関係の書物を読んでください。

ここでは、この日本軍による朝鮮の王宮占領について、日本側がどう記録したか、それにしぼって述べることにします。

「王宮占領の真相究明はしない」と朝鮮政府に約束させる

王宮をはじめソウル全域が日本軍に占領され、王宮を守っていた朝鮮の兵士は武装解除され、国王は事実上、日本軍の「とりこ」になったのです。朝鮮の人たちには仰天するできごとでした。そのニュースは朝鮮国内にすぐ伝わりました。

この日本軍による朝鮮の王宮占領の二日後に前述のように清国との戦端をひらくのですが、それから、約一カ月経った八月二〇日、日本政府は朝鮮政府と「日韓暫定合同条款」を結びます。大鳥公使と朝鮮政府の外務大臣、金允植《キムユンシク》が署名しました。

鉄道敷設や電信の利権などをあらかじめ朝鮮政府に約束させるなど七つの項目からなる暫定的な内容ですが、その五番目にはこう書かれていました。

一　本年七月二十三日、王宮近傍ニ於テ起リタル両国兵員偶爾《ぐうじ》衝突事件ハ彼此《ひし》（双方）共ニ之ヲ追究セサ《ざ》ル可《べ》シ

七月二三日、景福宮の近くで起こった日本の兵士と朝鮮の兵士との偶然の衝突事件については、

日本側も朝鮮側も今後、この問題についてはあれこれ追究しないことにする、という約束を朝鮮政府にさせたのです。

朝鮮にとっては王宮が日本軍によって占領され王様が日本軍の事実上「とりこ」になっている事態は放置できないことであり、その知らせは全国に伝わり知れ渡っていました。

しかし、日本政府を代表して大鳥公使は、外国の外交官に対して、この王宮に日本軍が入って国王をその監視下においているが、こんな事態でも「日本政府においては決して侵略の意なき旨を保証せり」と通告していたのです。

ですから、この王宮占領の真相が明らかにされるのをどうしても避けなければなりません。事件の真相が明らかになるのを嫌ったのです。

ところが、この王宮占領が、偶然のできごとではなく、日本側の計画的な軍事行動によって引き起こされた事件であったことを、当の日本軍が克明に記録していたのです。

日本軍は朝鮮王宮占領の詳細を記録していた

日本での日清戦争の研究で、最初の学術的仕事としては、服部《はっとり》之総《しそう》さん（一九〇一～五六）の『条約改正及び外交史』をあげることができると思います。第二次世界大戦前、満州事変の起こったころの話ですが、岩波書店から刊行された『日本資本主義発達史講座』（一九三二～三三年）の一冊として書かれたものです。

そのなかで、服部さんは公刊されたばかりの陸奥宗光の『蹇蹇録《けんけんろく》』（日清戦争当時の日本の外務大臣、陸奥宗光が日清戦争中の外交指導の顚末を書き残し、日清戦争がおわった翌年、一八九六（明治二九）年に外務省で印刷製本していました。しかし、長く秘書とされていて、一般の人の目に触れるようになったのは実に三三年後、一九二九・昭和四年のことでした。これも岩波書店から刊行されました――中塚）の記述から解釈して、この日本軍による朝鮮王宮占領を、日本の「朝鮮の独占的支配の皮切り」、最初の「クーデター」として記述していました。一九六八年に刊行した私の『日清戦争の研究』（青木書店）でも、この服部さんにならって「日本軍による朝鮮政府交替のクーデターがおこされる」（同書、一五九ページ）と書いていました。

しかし、一九八〇年代に入って、防衛庁（当時）でも旧陸海軍の資料の一般公開がおこなわれるようになり、近代史研究の資料環境は大きく変わりました。

在日朝鮮人の歴史研究者であった朴宗根《パクジョングン》さん（一九二九～二〇一一）の『日清戦争と朝鮮』（青木書店、一九八二年）や、檜山幸夫さん（「七・二三京城事件と日韓外交」、『韓』一一五号、一九九〇年六月）などによって、この朝鮮王宮占領の研究が進みました。

朴宗根さんによれば、朝鮮王宮占領の目的は、「第一に、国王が王宮から脱出することを防止して、それを「擒人」（とりこ）にすること、第二は、朝鮮政府から清軍の「駆逐依頼」を要望させるためであり、第三には、閔《ミン》氏政権（王妃閔氏関係者による政権）を倒して親日的な開化政権を樹立する」ことの三つであった（前掲書、六三ページ）と指摘していました。

ただ、朴宗根さんや檜山さんの研究のころには、日本軍による朝鮮王宮占領の計画、占領作戦の展開の過程などを、一つのまとまった記録として記述した史料は、まだ見つかっていませんでした。

ところが、日清戦争からちょうど一〇〇年目にあたる一九九四年、福島県立図書館の「佐藤文庫」に収蔵されていた陸軍参謀本部で書かれた「日清戦史の草案」から、日本軍が朝鮮の王宮を占領する作戦計画から当日の王宮への日本軍の侵入のありさま、また王宮の占領だけではなくソウル城内のすべての軍事施設の占領などを詳細に書いた記録が見つかりました。

私は同じく日清戦争の研究者である専修大学の大谷正さんから、福島県立図書館に参謀本部で書かれた日清戦史の草案があると一九九三年の秋に教えられていて、翌年春に福島県立図書館に見に行ったのです。

大谷さんは日清戦争のとき物資輸送のため第二師団（仙台に師団司令部がありました）に動員された民間人の「軍夫」のことを調査するため東北諸県の図書館を調査していて、福島県立図書館の「佐藤文庫」に「日清戦史の草案」があることを知っておられたのです。

福島県立図書館ではすでに一九六五（昭和四〇）年に大冊の『佐藤文庫目録』が刊行されていました。それに気づかずに日清戦争の研究をすすめていたのは私たち歴史研究者の大きな怠慢でしたが、大谷さんの教示にしたがって、福島県立図書館を訪ね、佐藤文庫に架蔵されている日清戦史の草案をはじめて見ることができました。

自衛隊の関係者や軍事史の専門家などの間では、つとに佐藤文庫のことは知られていたようですが、日清戦史の草案の存在は知っていても、中味をしっかり読むことをした研究者はいなかったのか、日本軍が朝鮮王宮占領を詳細に記録していたのは見過ごされたままになっていたのです。

私は、一九九四年六月、みすず書房の雑誌『みすず』（三九九号）に「『日清戦史』から消えた朝鮮王宮占領事件――参謀本部の「戦史草案」が見つかる」と題して、その記録を公表しました。また、一九九七年、高文研から『歴史の偽造をただす――戦史から消された日本軍の「朝鮮王宮占領」』を出版しました。

ですから戦史の草案に記録されている日本軍の朝鮮王宮占領の実相をお読みになりたい方は、それによっていただきたいと思います。

ここでは、その記録から明らかになっていることの大事なことを二つ、指摘することにします。

第一は、朝鮮王宮占領は日本政府・軍の計画によるものであったことです。

この計画は、龍山にいた日本陸軍部隊（第五師団混成旅団、旅団長大島義昌陸軍少将）や、あるいは朝鮮駐在の大鳥圭介公使などの思いつきからおこなわれたものではなく、日本政府と朝鮮駐在の日本公使、そしてすでに出兵していた日本陸軍部隊、――この日本を公的に代表している諸機関の緊密な連絡と合意のもとに計画・実行されたものであることです。

それを確証する記録を示しておきます。

まず、佐藤文庫の日清戦史草案の『明治二十七八年日清戦史第二冊決定草案』第十一章（引用は『みすず』三九九号）から、適宜、句読点をおぎない、カタカナをひらがなにし、また一部漢字をひらがなになおして原文を紹介します。引用末尾の（ ）内の数字は、『みすず』三九九号のページ数、［ ］内は中塚の補注です。

既《すで》にして大島旅団長が渇望《かつぼう》しありたる時機は来たれり、実に七月十九日にこの時機は来たれり。この日未明、福島中佐［福島安正、当時、朝鮮公使館付武官］が東京より京城［ソウル］に帰任の途次、龍山に過《よぎ》り［立ち寄って］、大本営の内意を旅団長に伝えて曰《いわ》く、「清国将来もし軍兵を増発せば、独断ことを処すべし」と。けだしこれ本月［七月］十二日の日本政府の決心にもとづけるなり。ここにおいてか、旅団長は自ら情況を判断し、必要と認めれば独断行動し得ることとなれり。嗚呼《ああ》この日、七月十九日は、混成旅団のためいかに愉快なりし日ぞ。［「ああ、……以下は、第三草案では「削除スル方ヨロシカラン」と欄外に書かれ

て抹消されているが、決定草案ではまた復活していました―中塚」（四八ページ）

……翌二十日は、一方において北方の情報を待ちつつ［その情報とは、清国軍が北の方、大同江に上陸、北からソウルを攻撃してくるかもしれないという情報］、一方においては行軍命令を発せんため、旅団各部隊長を会合したるに、午後一時にいたり本野参事官［本野一郎、外務省参事官。陸奥外相の命で七月一三日、朝鮮に派遣されていた］、公使の命を銜《ふく》み来て旅団長に請うて曰く。「このごろ朝鮮政府はとみに強硬に傾き、我が［軍の］撤兵を要求し来たれり、よって我が一切の要求を拒否したるものとみなし、断然の処置に出んがため、本日、該政府に向かって清兵を撤回せしむべしとの要求を提出し、その回答を二十二日と限れり、もし期限にいたり確固たる回答を得ざれば、まず歩兵一個大隊を京城にいれてこれを威嚇し、なお我が意を満足せしむるに足らざれば旅団を進めて王宮を囲まれたし。しかる上は大院君［李昰應《イハウン》―国王、高宗の実父］を推して入闕《けつ》せしめ［闕は王宮、宮城のこと。大院君を王宮に入れてという意味］渠《かれ》［彼］を政府の首班となし、よってもって牙山清兵の撃攘［うちはらう］を我に嘱託［たのみまかせる］せしむるを得べし。因《よ》って旅団の出発はしばらく猶予《ゆうよ》ありたしと。この時にあたり、南下を延期することは戦略上の不利、言を待たざりしといえども、開戦の名義の作為もまた軽んずべからず、ことに朝鮮政府にして日本公使の掌中にあらば、旅団の南下の間、京城の安全を保つに容易にして、またその行軍に関しては軍需の運搬、徴発みな便利を得べし。乃《すなわ》ち［そこで］旅団長は此の請求を容れたり。（四九ページ）

……二十一日、大鳥公使に協議し、朝鮮政府もし期限に至りても確固たる回答をなさざれば、予定の一個大隊をもって威嚇する手続を省略し直ちに旅団を進めてこれに従事せしむることに改めたり。（五〇ページ）

……二十一日、旅団長入京して公使と計画の変更を議し帰るや、歩兵第二十一連隊長武田中佐にひそかに施行方法を命じたり。これ……同連隊の第二大隊（すなわち山口大隊）は南進中、王宮守備として留むることとなしあるにより、［同連隊長の武田］中佐をして、この大隊をひきい王宮の占領をなさしめ、他の兵力は外方の警戒に充《あ》つる計画なりしが故なり。而《しこう》して此の計画は、翌二十二日午前の秘密会議において各部隊長に下されたり。……（五一ページ）

つぎに、参謀本部の戦史草案から明らかになったことの第二は、朝鮮王宮占領は日本軍の綿密な作戦行動として実行されたことです。

右の記録からも明らかなように、この一八九四（明治二七）年の七月二三日早朝の日本軍によるソウルの景福宮の占領は、日本軍の事前の綿密な計画にもとづいて実行されたものであることが確認されます。日本軍が王宮の横を行軍していたら、朝鮮の兵士から発砲され、それを原因に日本軍が王宮に入ったという偶然に引き起こされた事件であるかのようにいうのは、日清戦争を引き起こした日本政府・日本軍の謀略を、二重、三重にいつわることです。

佐藤文庫の日清戦史草案群のなかの『明治二十七八年日清戦史第二冊決定草案』第十一章には、大島旅団長の命によって第二一連隊長武田中佐が作った「朝鮮王宮ニ対スル威嚇的運動ノ計画」で、各中隊規模の作戦行動が詳細に記録されています。

そして、

以上、計画の精神を按《あん》ずるに、歩兵第二十一連隊長の直接に率いる同連隊の第二大隊（第八中隊欠）および工兵一小隊より成る一団を動作［作戦行動］の核心とし、これをして不意に起こりて王宮に侵入し、韓兵を駆逐し国王を擁し［第三草案の原文では「国王ヲ擒《とりこ》ニシ」となっていました］、これを守護せしむるにあり。（五三ページ）

と記録しています。

計画は日本軍の兵士にも秘密で、兵士にはただ「行軍」と指示されていただけでした。

「朝鮮王宮に対スル威嚇的運動ノ実施」では、王宮占領とソウル城内の朝鮮軍施設の占領作戦の実施情況が詳細に記録されています。

「核心部隊の動作」では、武田中佐は、先に第六中隊を南大門から入京させ、王宮東側の建春門に向かわせ、中から開門するのを待たせます。これは王宮内の朝鮮軍兵士を建春門側に引きつけておく陽動部隊でもあったのです。

そうしておいて、武田中佐は他の部隊をひきいて西大門から入京、景福宮の西側の門、迎秋門に門を破壊してでも侵入するため、爆破などの専門部隊、工兵小隊をともなって到着したのですが、固く閉ざされていた迎秋門を破壊するのに散々手こずることになります。

王宮占領の「核心部隊」であった武田中佐がひきいる第二一連隊第二大隊第五中隊が工兵小隊とともに迎秋門を破壊して突入する部分を戦史草案から紹介しておきましょう。生々しい記述に注目してください（原文のカタカナをひらがなに改め、ルビや簡単な注釈をつけました）。

　かくて武田中佐の引率せる一団は迎秋門に到着せしが、門扉《もんぴ》固く閉ざされて入るあたわず。北方金華門をうかがわしめしがこれまた閉鎖しあり。よって迎秋門を破壊するに決し、工兵小隊は爆薬を装しこれを試みるも薬量少なくして効を奏せず。かくのごとくすること再三、ついに破れず。斧を用いてこれを試むるもまた目的を達せず。ここにおいて長悍《ちょうかん》（長い棒）を囲壁に架し、雇通弁《やといつうべん》（臨時にやとった通訳）渡辺卯作まずこれをよじて門内に入り、次いで河内中尉またこれを頼りて壁を越え、内部より開扉せんとするもまた果たさず。ついに内外あい応じ鋸《のこぎり》を用いて門楗《かんぬき》を截断《せつだん》し、しかるのち斧をもって門扉を破り、かろうじて開門したるは午前五時ごろなり。

迎秋門破壊するや河内中尉の二分隊まず突入しこれを守護し、もって第七、第五中隊進入し、第七中隊は吶喊《とっかん》して直ちに光化門（王宮正面の門）に進み、守衛の韓兵を駆逐してこれを占領し、内より開門せり。……（五四ページ）

ソウルを旅して景福宮を訪ねた方も多いと思います。正面の光化門前の通りを左に進み塀にそって右折するとまもなく迎秋門があります。その頑丈さがよくわかります。武田中佐の部隊に「工兵一小隊」が同行していた理由も十分理解することができます。

右に引用した戦史の記述をもう少しわかりやすく解説しておきますと、工兵が爆薬で門を破壊しようとしたのですが、爆薬が少なくて成功しない、再三やってみたがどうしても門を破壊することができない。そこで長い棒を王宮を囲んでいる塀に架けて、臨時雇いの通訳の渡辺卯作がまず塀を乗り越え、ついで中隊長の河内中尉も乗り越えて、中から門を開けようとしたがそれも不可能だったので、結局、のこぎりで門の閂《かんぬき》を切断し、さらに斧で壊して、かろうじて門を開けることができた、というのです。（「臨時雇いの通訳」渡辺卯作は、ソウルに住んでいた大工だったことも最近明らかになりました。身軽だったわけです。）

こうして王宮をはじめ、他の部隊は王宮近辺はもちろんソウルの朝鮮の兵営、軍事施設をすべて占領しました。国王は事実上、日本軍のとりこにされたのです。

もちろん朝鮮兵士の抵抗をうけ、「発砲はおよそ十五分間も引き続き今はすべて静謐に帰したり」（前掲、大鳥公使から陸奥外務大臣あて、一八九四年七月二三日、午後五時発公電）というのも、事件をごく軽く見せるための大鳥公使のつくり話です。北方からの射撃は午後二時になっても止まず、大島旅団長が幕僚を率いて王宮に入ったのは午後五時でした（五八ページ）。早朝から夕方までのまる一日がかりの作戦だったのです。

こうして日清戦争での清国との開戦前に、日本軍は朝鮮の王宮を占領、国王を事実上「とりこ」にしたのです。そして王宮内はもとよりソウル城内のすべての朝鮮軍施設を占領、王宮守備の朝鮮兵士を武装解除し、さらに王宮内の貴重な文化財を略奪したのです。

大本営参謀の『征清用兵隔壁聴談』を読み解く

日清戦争は「宣戦の詔勅」では朝鮮の独立のための戦争です。それがなぜ、清国への宣戦布告の前、よりによって朝鮮国王の住んでいる国の政治の中心でもっとも重要なところである王宮の占領からはじまったのでしょうか。

ここでは、当の日本陸軍はこの朝鮮王宮占領をどう見ていたのか、興味ある記録を紹介することにします。日清戦争のときの日本軍の最高の戦争指導機関であった大本営の参謀のひとり、東《とう》条《じょう》英教《ひでのり》に登場してもらいましょう。

彼は岩手県出身、一八五五・安政二年生まれで一九一三・大正二年に亡くなっていますが、日清戦争前後の略歴を紹介しておきます。一八九四・明治二七年六月、陸軍少佐で大本営参謀、同年一二月、中佐、一八九六・明治二九年三〜七月ロシア出張、明治二九年五月、参謀本部編纂部長兼陸軍大学校教官、一八九七・明治三〇年大佐、一八九九年・明治三二年一月、参謀本部第四部長兼陸大教官、一九〇一年・明治三四年五月、少将、歩兵第八旅団長、……。（以上、秦郁彦編『日本陸海軍総合事典』、東京大学出版会、一九九一年、による）

参謀本部第四部は戦史編纂を担当していた部署です。ですから日清戦争後、一八九六・明治二九年の五月から一九〇一・明治三四年五月まで、五年間、日本陸軍の参謀本部で日清戦争戦史の編纂を指導する立場にいたことがわかります。

東条英教は、一九四一（昭和一六）年、あの太平洋戦争に日本が突入したときの総理大臣、東条英機の父親です。一九四五年・昭和二〇年の敗戦後の日本では、「東条英機といえば〝明治の栄光〟をぶっ壊した張本人」とみなされていますが、その東条英機の父親は、日清戦争当時、日本陸軍のなかでもきわめて有能な軍人であったようです。

日清戦争のときの軍事の最高指揮者は川上操六陸軍中将・参謀本部次長でした（日清戦争のとき陸軍参謀本部の参謀総長は皇族、有栖川宮《ありすがわのみや》熾仁《たるひと》親王だったので実際の最高指導者は次長の川上操六でした——中塚）。東条英教はこの川上操六が目をかけてとりたて、三九歳の若さで日清戦争開戦を前に大本営の参謀に抜擢されていたのです。

東条英教は日清戦後、参謀本部で戦史編纂部長を務めましたが、川上操六が一八九九（明治三二）年に急死し、後ろ楯を失い、やがて参謀本部から左遷されてしまいました。

それでも日清戦争の戦史の「私家版」ともいうべき『征清用兵隔壁聴談《せいしんようへいかくへきちょうだん》』（以下、『隔壁聴談』）という日清戦争の「用兵ノ裏面」（同書、例言から）を記述した簡単な戦史を遺しています。

その『隔壁聴談』がいつ書かれたか、わかっていませんが、先に紹介した福島県立図書館の「佐藤文庫」にある日清戦史の草案、『明治二十七八年日清戦史第二冊決定草案』は、東条英教が戦史編纂の責任者であった時機に書かれていたものと推察されます。
東条英教は『隔壁聴談』に、王宮占領がどういう目的でおこなわれたか、ごく普通の軍事行動としてなにも気にすることもなく、あっけらかんと叙述しています。
カタカナをひらがなにし、現代風に言いかえて、また改行もして紹介します（傍線部分は中塚によるものです）。

ここにまた大鳥公使は旅団長南進の決意を聞きて、大いに心を動かしたが、結局、旅団はいまや大本営の意図を奉じて、戦略的動作に移ろうとするものにして、その公使の外交政略にともなって進退すべき従来の地位とはその趣を異にせるが故に、公使といえどもその運動を妨げることができなくなった。

しかし旅団がいよいよ南進することになると、公使はその職責上憂慮せざるを得ないことがあった。すなわち旅団が南下して、清国兵と衝突するのに適当な口実を得ること、そのことである。

思うにこの口実をえるためには、しばらく行軍とか演習などと言って行動を起こし、清国兵と衝突した後は、世界に向かって清国側が我々に攻撃をしてきたのだと公言することもできないことはないが、世界の国々の感情を思うと、好んでとるべき方法ではない。

ただもっとも穏当で、日本の責任を免れることができるには、朝鮮政府から清兵の撃退を我、すなわち日本に依頼させるのが一番だ。そうしてこれを朝鮮政府に依頼させる方法は、兵力をもって朝鮮の政府を脅かすのが、もっともよいやり方だ。そして我が兵力を用いるには、まず朝鮮政府が答えるのにどうしてよいかわからないような難問を提起し、短い日限を切ってその公式な答を求め、朝鮮政府がもし不満足な回答をするか、または答えないときには、そのときを待って朝鮮政府を脅かすのがもっともよい。

そこで公使は一度放棄していた独立問題を選び、七月二〇日、二つの痛切な要求を朝鮮政府に提出し、二二日を確答の期限とした。

二つの要求の第一は韓国の独立と反する清国との諸条約を廃棄すべしとの要求、第二は清国が属邦保護を理由として朝鮮に出兵してきたのは、朝鮮の独立を侵害したものであるから速やかに清国軍を朝鮮の国境外に撃退せよ、と迫るものであった。思うに公使は先に朝鮮政府が朝鮮は自主の国であるといったのを言質《げんち》（後日の証拠となることば）として、このような朝鮮政府の答えるのに困難な問題を選んで、回答をもとめたのである。

公使はこの術策を決行すると同時に人を旅団長のもとにいそがせて、ことの詳細を告げて、しばらく旅団の南進を引き延ばすことをもとめ、朝鮮政府がもし日本の要求を聞き入れなければ、ただちに一大隊の兵を進めて王宮を囲み、もしなお屈しなければ全力をつくして朝鮮政府を威嚇することをもとめた。旅団長はこれを承諾し、その清国軍への攻撃のため南方に出発するのを遅らせた。ただし、まず一大隊を進めて王宮を囲むというのはこれを省略し、ただちに全旅団を王宮に向けて進めることに改めた……

もちろんこういう方法で戦争に持ち込むということは、大鳥公使の独断でおこなわれたことではありません。陸奥宗光外務大臣は、事前に外務省から人を派遣して現地陸軍部隊と詳細に打ち合わせ、王宮ならびにソウル城内の占領の詳細な作戦計画をたてて実行されたものであることは、一〇五～一〇六ページですでに述べた通りです。

誰が王宮占領を考えたのか

「昭和の戦争」で横暴をきわめた軍部のことは現代日本の文筆家たちが、るる書いているとおりです。しかしその軍部が日清戦争でも独断専行していたのか、と思うのは早とちりです。というのは、日清戦争をはじめるにあたり、そもそも朝鮮の王宮占領を計画したのは、だれだったのか、という問題があるからです。

王宮占領の実行に主導的な役割をはたしたのは、陸奥宗光外相であり、実行のありさまをはじめからウソの話にして外務省に電報をうってきたのは日本国を代表している外交官、大鳥公使だったのです。

日清戦争の外交を指導したのはときの外務大臣、陸奥宗光です。彼は「日清戦争外交秘録」ともいうべき『蹇蹇録《けんけんろく》』を日清戦争が終わった翌年に印刷刊行していたことは前に述べました。

その第一〇章は「牙山および豊島の戦闘」と表題がつけられています。日清戦争で日本軍と清国軍の陸上で最初に交戦した戦闘＝牙山の戦い（一八九四年七月二七日、成歓の戦いともいいます)、海上の戦闘＝豊島沖の海戦(同、七月二五日)を書いた章です。その冒頭で陸奥はこう書いています。

征清の役《えき》、海陸大小の戦闘、その数甚だ多し。独り牙山の戦のみ外交これが先駆となりて戦端啓《ひら》かれ、……（岩波文庫『新訂蹇蹇録』一二九ページ）

日清戦争には海上や陸地で、たくさんの戦闘があったが、ただひとつ「牙山の戦」だけは、外交が先立って戦争の発端をひらいたものである、と書いているのです。これはどういうことなのでしょうか。

陸奥宗光は、つづけてこう書いています。

牙山の戦いは如何にしてその端を啓《ひら》きたるやといえば、表面は我が政府が韓廷の依託を受け該国のため清軍を国境外に駆逐するに起こりたれども、その実態についていえば、畢竟《ひっきょう》日清両国の間に問題たりし清韓宗属の論争その主因たりしは争うべからず。（同右）

日清戦争をはじめるにあたって、日本政府がなによりも恐れたのは、欧米列強の動向でした。まだ、日英同盟は結ばれていません。

出兵後、六月の下旬になると、イギリスやロシアからさまざまな干渉の動きがあらわれます。イギリスやロシアなど東アジアに利害の大きい国は、この地域に急激な変動を引き起こす可能性のある戦争を好まず、日・清間の調停にのりだしてきたのです。

朝鮮に領土的な野心はないなどといいつつ、日本政府はこの干渉を避けるのに苦労することになります。こういう状況下で、日本政府は清朝中国との開戦に持ち込むのに欧米列強を納得させる正当な口実を見つけるのはたやすいことではありませんでした。

陸奥が書いた「清韓宗属問題」とは中国という大国と周辺の国々との関係として、歴史とともに古い関係のなかで生じていた問題の一つ、中国とその東側に陸続きの朝鮮との関係をあらわしている問題です。

「中華」意識をもつ大国中国が周辺諸国を対等にあつかわず、外交の形式として、中華の世界に君臨する中国の天子＝皇帝が、周辺の国々を臣下として「冊封《さくほう》」（国王の称号や印綬を付与する）して、臣下の国王は天子＝皇帝に「朝貢」するという形をとっていました。

日本でも卑弥呼の時代から平安時代の前期まで、日本が中国に貢《みつ》ぎ物をして、中国の王朝がその代わりに鏡や印綬をあたえて日本の王が日本を支配する、そんな関係が歴史上、ありました（その後、室町時代の一時期、足利義満が冊封関係を復活させましたが、一代でおわりました―中塚）。

日本は中国とは海をへだてていましたから、中国の影響が比較的弱く、また一九世紀に入ってアヘン戦争で中国が敗北すると「冊封体制」はアジア全域でも崩れはじめていたのです。

しかし、国境を接し、古くから中国の影響を受けることの大きかった朝鮮では、一番長くその関係が残りました。

明治維新以後、日本が朝鮮に勢力を拡大するには、この「清韓宗属関係」を打ち破らなければなりません。その第一歩として、先に触れた江華島事件のあと朝鮮と結んだ「日朝修好条規」の第一条で「朝鮮国は自主の邦《くに》にして日本国と平等の権を保有せり……」という条文をいれていたのです。

この「清韓宗属問題」を、日清戦争で日本政府が開戦の口実にするかどうか、それが日清戦争の開戦を前に日本政府内部で議論をよんでいたのです。

陸奥外相はこの「清韓宗属問題」を口実にしようとしたのです。彼は、清国軍が朝鮮に出兵したことを日本政府に通知してきた文章に、「保護属邦」（属邦を保護する）という文言があったのをとらえて、開戦の口実にしようとしていました。

しかし、首相の伊藤博文らは、清韓宗属問題を口実にするのをためらっていました。理由は、清韓宗属問題というのはなにも今にはじまったことではない、この問題を口実に清朝中国との戦争に踏み切れば、第三者である欧米各国はこれを見て、日本政府は当面のやむにやまれぬ問題を解決するために戦争するのではなく、「ことさらに疇昔《ちゅうせき》の旧痍《きゅうい》を探り紛論の種子を蒔《ま》けりとの譏《そし》りを免れざるべからず」（陸奥宗光『新訂蹇蹇録』岩波文庫、一三〇ページ）と考えたのでした。

伊藤首相らは、ことさらに昔の古傷を持ち出して紛争の種にするというのでは、欧米各国は納得しないだろうと心配していたのです。天皇をはじめ宮廷でも、清朝中国との一戦は避けられないと考えながら、他方では「この上戦争の名（大義名分）はいかが相い成り候や、日本より無理に差し迫り、無名の戦争と相い成らざる様祈る」とのためらいがあったことを、天皇の側近であった佐々木高行は書いています（津田茂麿『明治聖上と臣高行』自笑会、一九二八年、八九六ページ）。

日清戦争を起こすかどうかではなく、ただ列強に対して、開戦をどういう名目で伝え、列強の反発を受けないようにするにはどういう策がもっとも無難なのかということのみが、日本の天皇の側近や政府首脳で議論されていたのです。

そこで朝鮮駐在の日本公使、大鳥圭介らが考え出したのは、清朝中国に向かってこの清韓宗属問題を持ち出して争うのではなく、朝鮮政府に無理難題をふっかけるやり方でした。

それはこのようなものでした。すなわち、先に書いたように日朝修好条規の第一条では「朝鮮国は自主の邦にして……」（第一条）と約束したではないか、それなのにいま「属邦を保護する」といって朝鮮に清朝中国の軍隊がいるのは条約違反ではないか、朝鮮は清国の属国なのか、独立国なのか、独立国なら清国軍を国外に追い出せ、朝鮮にその力がないなら日本が代わって追い出すから、朝鮮政府は日本に対して「清軍駆逐」の公式の依頼文書を出せ、と朝鮮政府に迫るやり方を考えたのです（その詳細は、中塚明『「蹇蹇録」の世界』みすず書房、一九九二年。二〇〇六年新装版、参照）。

陸奥外相自身が『蹇蹇録』で、「狡獪《こうかい》手段」（わるがしこくてずるい手段）、「高手的《こうしゅ》手段」（高手には、巧みな、上手なの意味もありますが、また、かいなから肩まで、の意味もあり、「高手小手」＝人の両手をうしろにねじあげてきびしくしばること、高手小手《たかてこて》という意味合いもあります。博識な陸奥のことですから、両方の意味をこめて高手的手段と書いたのかもしれません――中塚）、「赫迫《かくはく》手段」（赫の字には、赤いのほかに、おこる、あぶるのほか、手足のばらばらにはなれたさま、という意味もあります――中塚）という言葉も使っています。

このように陸奥宗光が表現したような強引きわまるやり方でしたが、宗属問題を清国政府に向けるのをためらっていた伊藤首相も、朝鮮政府に問いつめるなら、それは「最妙」（巧い案だ―中塚）と、これに同調したのです（高橋秀直『日清戦争への道』、東京創元社、一九九五年、三八四～三八五ページ参照）。

しかし朝鮮政府がこのような日本の要求を素直に受け入れるはずはありません。一方、出兵から約四〇日あまり、戦争をさせないために清国に仲裁を試みていたイギリスの日清同時撤兵の調停策も日本政府の拒否で失敗しました。

七月一二日、陸奥外相は「北京におけるイギリスの仲裁、失敗したるより、今は断然たる処置を施すの必要あり。故に閣下（大鳥公使）はよく注意して、世上（内外の世論）の批難（非難）を来《きた》さざるある口実を択び（選び）これをもって実際運動を始むべし」と朝鮮駐在の大鳥公使に電報で訓令をだしました（『日本外交文書』第二七巻第一冊、四〇三号文書）。

しかし、電報だけでは意を尽くせないと考えたのでしょう。『蹇蹇録』には、注としてつぎのように書いています。

七月一二日をもって余は大鳥公使に電訓を与えたる翌日一三日、あたかも外務省参事官本野一郎を韓地に派遣するの必要を生じたるにより、余は本野をしてなお右電訓の意旨をつまびらかに説明せしめ、かつ日清の衝突をうながすは今日の急務なれば、これを断行するためには何らの手段をもとるべし、いっさいの責任は余みずからこれにあたるをもって、同公使は毫も（すこしも）内に（日本国内の動きに）顧慮する（気づかう）におよばずとの意思を伝えしめたり。故に当時同公使は十分に自信するところありしは疑いなし。（岩波文庫『新訂蹇蹇録』一三六ページ）

それでも内閣では慎重論がまだありました。そこで陸奥外相は「我が兵をもって王宮および漢城（ソウル）を固むるは得策にあらずと思われるればこれを決行せざることを望む」（七月一九日、陸奥外相から大鳥公使あて、『日本外交文書』第二七巻第一冊、四一四号文書）と電報をうちはしましたが、「しかれども韓地の形勢はもはやこの訓令に従いその方針を変改するあたわざる時機に達しおりたり」と『蹇蹇録』に書いています。

朝鮮王宮を占領して日清開戦の口実をつくる、その矢は放たれていたのです。

参謀本部で書かれた「日清戦史」の草案、『明治二十七八年日清戦史第二冊決定草案』第十一章に書かれている通り、大鳥公使と打ち合わせた後、本野参事官が旅団長を訪ね、王宮占領を求めたことは前に述べた通りです（一〇五ページ参照）。

朝鮮王宮占領はこうして計画され実行されたのです。陸軍が勝手に独走したのではありません。陸奥が自賛したとおり「外交が先立って戦争のきっかけを開いた」のです。

朝鮮の王宮占領を計画したのは、陸奥外相、その訓令をうけた在朝鮮の日本公使館、大鳥公使らであったことは間違いありません。『蹇蹇録』には朝鮮政府から牙山の清国兵を打ち払ってほしいという要請を日本側にさせるには、「酷に言えば先ず朝鮮国王を我が手中に置かざるべからず」（一三五ページ）と書いていますが、『蹇蹇録』の第一次刊本では「朝鮮国王ヲ先《ず》ツ我手内ノ擒《とりこ》トナサヽ《ざ》ル可カラス」と書いて本音を隠していません。

もちろん、朝鮮王宮占領計画は、他聞をはばかられる「極秘」の計画でした。前にも少しふれましたが、作戦計画を知らされたのは日本軍の各部隊の部隊長だけで、参加した部隊の兵士には「二三日未明より京城へ行軍す」とだけ伝えられていたのです。日本軍兵士は王宮を占領する計画を知らされないまま、王宮の近くまで行軍しているとき、突然、戦闘に巻きこまれるようにして、この作戦に参加したのでした。

ですから、王宮を占領したあともことの真相は隠し続けられました。公《おおやけ》にできなかったのです。

大鳥公使をはじめ日本政府、日本軍ともに、この朝鮮王宮占領をあくまで「不意の戦闘」「偶然の交戦」と処理しました。計画的な王宮占領の事実が暴露されれば、内外の非難を招く恐れがあり、したがってことの真相は決して明らかにしてはならないと、王宮占領のまえからそう決めて、この作戦を決行したのです。

無理やり引っぱりだされた大院君――北川吉三郎の回想

王宮を占領し国王を事実上、とりこにしたのですが、それとあわせて国王の実父である大院君（李昰應《イハウン》）をひっぱりだし政権の座につけることがおこなわれました。事前の作戦計画では、第二大隊第六中隊が「午前三時半出発、李昰應ノ邸ニ至リ李昰應ノ護衛ニ任ス」と決められていました。

李昰應は自分の次男が国王（高宗）に即位した一八六三年、大院君（国王の実父の尊称）となって政治の実権をにぎった人です。朝鮮王朝には何人かの「大院君」がいますが、たいへん個性的できわだった活動をしたこの李昰應をさして大院君ということが多いのです。一八七三年王妃（王后閔《ミン》氏＝贈り名を明成皇后といいます）との対立から下野しましたが、一八八二年、ソウルで起こった軍人の暴動である「壬午《じんご》軍乱」のときにいったん復活、しかし侵入してきた清国軍に拉致されて天津《てんしん》に送られ、四年間幽閉されたりもしました。王妃と対立していたこともあり、日本は朝鮮王宮占領によって大院君をふたたび政権の座につけて利用しようとしたのです。

しかし、この大院君は日本の意図に強く抵抗しました。日本のやり方に「はい、そうですか」と腰をあげたのではありません。

大院君のかつぎだしが大変難行したことは、朝鮮駐在日本公使館の書記官であった杉村濬《すぎむらふかし》の著書『明治廿七八年在韓苦心録』（一九三二年、非売品）にも書かれています。

ここでは、当時、大鳥圭介公使の指図で大院君のかつぎだしに働いた北川吉三郎という人の回想「入京当日の困惑」（藤村徳一編『居留民之昔物語』所収、朝鮮二昔会事務所、一九二七年。東京経済大学の桜井文庫所蔵）を紹介します（目次には「岡本柳之助氏と大院君」となっています）。

日本側がどんな手をつかって大院君をかつぎだそうとしたか、それに対して大院君がどれほど抵抗したか、朝鮮語に通じていた北川吉三郎がその場で見聞したところを書いていますので、実にいきいきとしていて興味深いものです。

この北川吉三郎という人は、一五歳のとき東京の朝鮮公使館の給仕となり、一八八九（明治二二）年、ソウルに移り、九三年一〇月には在朝鮮日本公使館付武官の渡辺鉄太郎大尉や大鳥圭介公使らの依頼によって「東学党」の内情偵察のため、売薬商人に化けて全羅道にも行ったことのある人で、当然朝鮮語にはよく通じていたのです（金文子『朝鮮王妃殺害と日本人』高文研、二〇〇九年、二七七ページ、参照）。

以下、引用に際して適宜句読点を付し、常用漢字にあらためため、改行するなど、読みやすくしました。［　］内および傍線は中塚がおぎなったところです。

［一八九四・明治二七年七月］二三日また公使より召喚せられたので何事ならんといたりみれば、公使いわく、今夜一一時を期し白米一升とにぎり飯三度分、および護身用の武器を用意し、わらじ履きにて、つとめて軽装して来るべしとのことなりければ、その命令どおりにしてふたたび公使館にいたれば、公使館書記官杉村濬氏は一通の書面を手交し、これを携帯してただちに岡本柳之助氏のもとにおもむき、氏の指揮によりて行動すべしとの命なり。

岡本氏いわく、君はこれより単身大院君の家におもむきおるべし。後刻日本人が大院君を訪問すべく、そのときには大院君にはなにごとも告げずただちに開門せよとのことなり。

自分はこれを了承してただちに大院君の家にいたり、まずその秘書官たる金應元《キムウンウォン》をたずねたるに、彼は自分［北川］の服装が異様なるにおどろき、何事なるにやと問いたれども、自分は微笑を浮かべたるのみにて何事も語らず。ともかく酒を買はしめ差し向かいにて小酌を汲みおりしとき、たちまち四、五の日本人来着したる様子なれば、開門したるに、岡本氏ら数名は鈴木順見氏を通訳として帯同し、大院君の室に直行せり。

その要件は、岡本氏は李埈鎔《イジュンヨン》氏（大院君の令孫）との協議の結果、大院君を奮起せしむべく勧説のための来訪なりしが、大院君は頑として応ぜず。元来君らは外国人なり、わが朝鮮の王室に関してかれこれ容喙《ようかい》［横から差し出口をきいて他人のことに干渉すること］すべきものにあらず、またたとい相談を受けたればとて、それに答うべき筋合いのものにあらずと、一言のもとにはねつけられれば、岡本氏はさらに人を急派して、公使館より杉村書記官と国分象太郎氏とを呼び寄せ、重ねて両氏より力説せしめたれどがえんぜず［承知せず］していう。いかに千言万語せらるるも、君らの勧説によりてみだりに行動すべきものにあらざるをもって、到底その提議や相談に応ずることあたわず、強いて余を動かさんとするなれば、韓国皇帝よりの勅命かまたは勅語にても賜ることを、先決問題として研究せられよとのことなりしをもって、自分［北川］は岡本氏の命をふくんで、ただちに王城におもむき、かねて義兄弟の交誼を締しおれる安駉寿《アンギョンス》を介して、その理由を奏上せしめたところ、殿下もその熱心なる岡本氏らの至誠の言に感動されたるものか、早速快諾を与えられ勅使を遣《つかわ》すべしとのことなりしをもって、使命をまっとうしえたることをよろこび、疾走し帰り来たりてその始末を報告し、待つこと時余におよぶも勅使の来邸せざるに焦心し、ふたたび王城にいたり勅使急派を催促せしに、ただちに派遣すべしとの返事をえて帰来せり。

時すでに午前四時前なり。このとき王城付近にては、一戸兵衛少佐の率ゆる日本兵、武田秀山中佐の率ゆる日本兵と、朝鮮兵との間に戦端を開かんとする、気色をみせつつあい対峙しおれるを望見した。

勅使なお来らずより、岡本氏より三度び王城に使者たることを命ぜられたが、数回の往復に大いに疲労困憊なるをもって、ひそかに大院君の乗馬をひきだし、これにまたがり王城に入りたるに、あたかもよし勅使はまさに大院君の邸に向かわんとして、乗物なきに困りおりしときなりしにより、自分の馬を供し勅使はただちに大院君の邸に入り勅旨を伝えた。一同は大院君を先頭とし岡本氏以下一同王城に入る。大鳥公使もまた大院君に扈《こ》して「お供して」参内し、御前会議の結果、日本政府は朝鮮政府の依頼により、協同軍を組織して牙山に出兵し、支那兵討伐のことに決定す。

ここにおいてまず日韓協同軍の名をもって支那軍に対し、二六日までに撤兵すべし、もし応ぜざればやむを得ず干戈《かんか》に訴うべし「武器をとって戦う」との通告を発した。

このまえより光化門内には、日本連隊旗をかかげおりしも大鳥公使の注意によりいったん撤去した。これは宣戦を布告せざるに先だち、このことあらば国際問題を惹起するおそれありたるによる。

日清戦役の宣戦布告は、牙山戦争以後にして、国交断絶し戦端を開始したのは宣戦布告より数日前であった。

「全国いたるところ旭日旗をかかげ戦勝を祝う歓声沸くがごとく…」

朝鮮王宮占領のあと緒戦の勝利の知らせが日本にとどきます。
そのときの情況を、陸奥外務大臣は自己の心情を交えて『蹇蹇録』でこう書いています。

……その後、数日ならず大島公使および大島旅団長より各々その筋に向い、牙山、成歓の戦捷《せんしょう》を電報し来《きた》りたるに由り、今は大島公使が使用したる高手的外交手段もその実効を奏し、牙山戦捷の結果は京城近傍には最早一個の清兵を見ず、朝鮮政府は全然我が帝国手中の物となりたりとの快報一時に我が国内に伝播し、また彼の欧米各国政府も、日清の交戦実存のものとなりては容易に容喙《ようかい》干渉すべき余地なく、暫く傍観の地位に立ちたれば、さきに強迫手段を以て韓廷を改革するの可否を説き、我が軍より先ず清軍を進撃するの得失を陳じたる諸般の議論も、全国一般都鄙《とひ》到る処に旭旗を掲げ帝国の戦勝を祝する歓声沸くが如きの中に埋没せられ、共に姑《しばら》く愁眉を開きたり。

王宮を占領し、日本の軍事力のもとに朝鮮国王を「擒《とりこ》」にして、朝鮮政府から「牙山の清国軍を打ち払うことを日本に依頼させる」こと、そこに朝鮮王宮占領の主眼があったのです。

「征清の役、海陸大小の戦闘、その数甚だ多し。独り牙山の戦のみ外交これが先駆となりて戦端啓かれ、……」と『蹇蹇録』に書いたのには、陸奥が日清戦争の開戦に主導的に策略を練りそれを実行に持ち込んだ経緯を、どうだ、オレがはじめから言っていた通りではないか、と自分の手腕への誇りをにじませた陸奥宗光の心情がうかがわれます。

そしてそのことの真相を知らない日本人は、街でも田舎でも、いたるところで旭日旗をかかげて歓声をあげ、そのなかで、「王宮占領」、「国王を擒にする」、そんなことはできないのでは?、と躊躇した天皇のまわり、宮廷のなかにあった危惧の声も、全国に沸きかえる歓声のなかで、吹き飛んでしまった、というのです。

3　日清戦争の実態②——日本軍最初のジェノサイド作戦

日本政府の大誤算——朝鮮人の抗日蜂起

こうして陸奥外務大臣を中心とする周到な策略によって日清開戦が実現するのですが、日本ではことの真相は隠されていても、朝鮮では、王宮を日本軍に占領され、国王が事実上、日本軍のとりこになったことは、隠すことはできませんでした。

日本軍に武装解除された朝鮮の兵士が、どれほどなげいていたか、武装解除された後、王宮の財貨や宝物が日本軍にどのように奪い去られたか——その話は口伝えに朝鮮の各地にひろがりました。

日清両軍の開戦以前から、朝鮮に上陸した日本軍は朝鮮政府に対して軍用電線の架設を求めつづけましたが、朝鮮政府は朝鮮の主権にかかわることと強く反対して、なかなか日本の思うようには進みませんでした。

日本軍は朝鮮の王宮を占領するのに先立って、清国に通じるソウルと仁川《インチョン》、ソウルと義州《ウィジュ》間の電線を切断しました。王宮占領の事実が清国に伝わるのをさまたげるためです。日本軍が清国へ通じる電信線を切ったことは、前掲の福島県立図書館の佐藤文庫所蔵、『明治二十七八年日清戦史第二冊決定草案第十一章、「朝鮮王宮ニ対スル威嚇的運動ノ実施」に書かれています(『みすず』三九九号、五四ページ参照)。

一方、日本軍は朝鮮政府に一方的に電線架設を通告、八月中旬にはソウルと釜山《プサン》の間の架設を完成させ、その後日本軍の北上にしたがってだんだんと中国との国境にまで軍用電線はのびていきます。そして八月二〇日の「日韓暫定合同条款」で日本が架設した軍用電線を認めさせ、後日、そのままの運用の合法化がはかられました。軍用電線、軍需物資の集積地(兵站《へいたん》部の設置)の確保は、戦争をするために欠かすことはできません。しかし、日本軍の侵略を目のあたりにした朝鮮の各地では、民衆による軍用電線の破壊、兵站部への襲撃がはじまります。

そして日本軍による王宮占領は各地の抗日のうごきに油をそそぐかたちとなり、東学農民軍の第二次蜂起へと発展することになったのです。

ただ、その詳細な事実は、長いあいだ歴史の闇のなかに閉ざされてきました。

「東学党首魁《しゅかい》のドクロ」が歴史を動かす

日本の学校で使っている歴史教科書に、日清戦争のきっかけとなった「東学党の乱」はかならず書かれていますが、その東学農民の第二次蜂起＝今度は抗日の旗印をはっきりかかげて春よりもずっと規模が大きくなった蜂起でしたが、これについては日本の歴史教科書の大多数はなにも書いていません。

日本社会で、この東学農民の再蜂起＝抗日の戦いや、それを弾圧した日本軍の様子が具体的に知られるようになってきたのは、比較的最近のことです。

前掲の朴宗根さんの『日清戦争と朝鮮』（一九八二年）などの先駆的研究はありましたが、日本軍によるその弾圧の実態などについては、一九九五年、「北海道大学文学部古河講堂「旧標本庫」」で段ボールの箱に入れて放置されていた六体のドクロが見つかって以降の研究からです。

そのドクロの一つに、

韓国東学党首魁ノ首級ナリト云フ　佐藤政次郎氏ヨリ

と墨で書かれていました。さらにこの頭骨にはつぎのような書き付けがついていました。原文のカタカナをひらがなにかえ、句読点などをつけ、その全文を紹介しておきます。

髑髏（明治三十九年九月二十日　珍島に於て）

右は明治二十七年韓国東学党蜂起するあり、全羅南道珍島は彼れが最も猖獗《しょうけつ》を極めたる所なりしが、これが平定に帰するに際し、その首唱者数百名を殺し、死屍道に横たはるに至り、首魁者（首謀者）はこれを梟《きょう》（さらし首）にせるが、右は其一《そのひとつ》なりしが、該島視察に際し採集せるものなり　佐藤政次郎

わかりやすくいまの言葉にしますと――

ドクロ（明治三九年九月二〇日　珍島《チンド》［韓国　全羅南道南西部にある島］に於いて）

右は明治二七年、韓国で東学党が蜂起したとき、全羅南道の珍島は東学党がもっとも猛威をふるったところであるが、それが平定されたときに、先に立って活動していたもの数百名を殺し、その死体が道に横たわっており、首謀者をさらし首にしたが、これはそのひとつである。珍島を視察したときに資料としてもってきたものである。

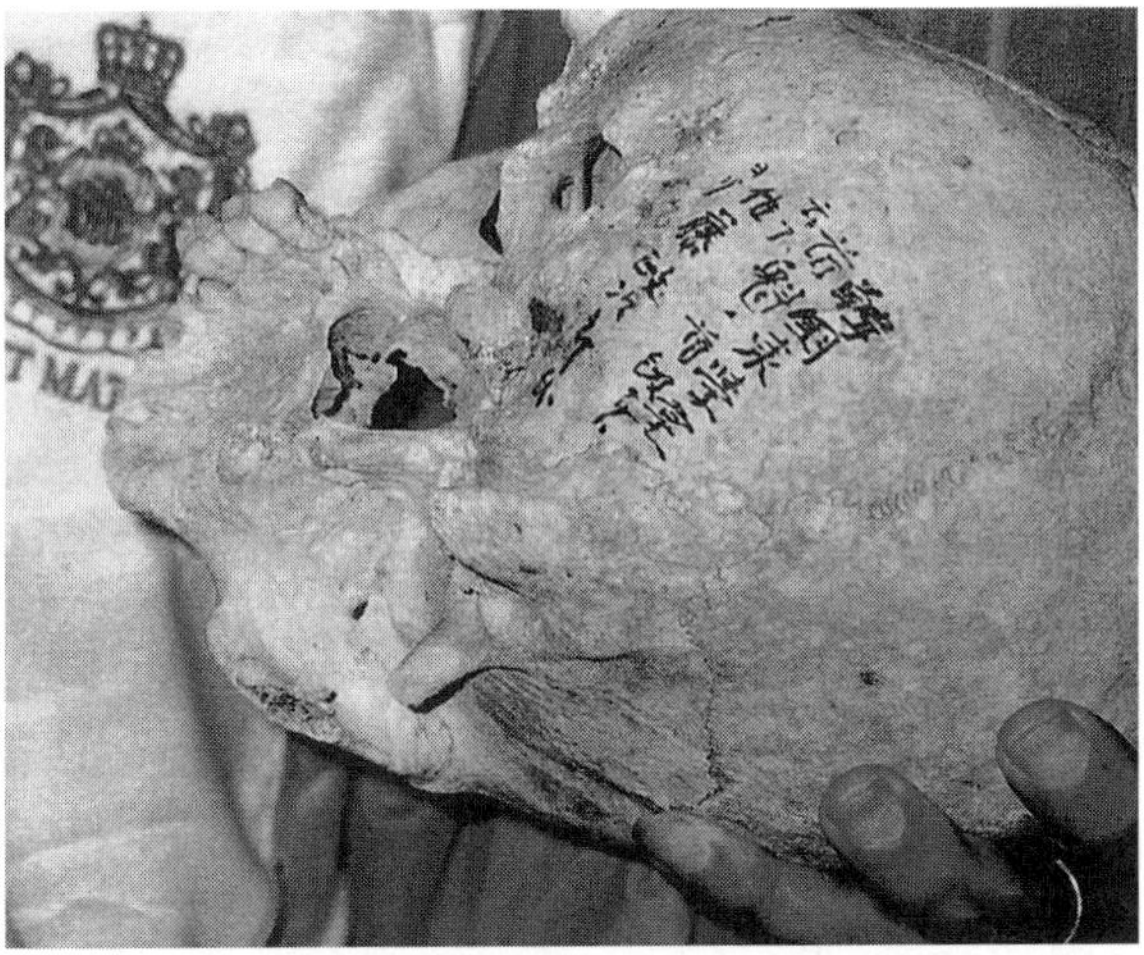

北海道大学で見つかった頭骨（『東学農民革命のむかしと今』東学農民革命記念館、2005 年刊より）

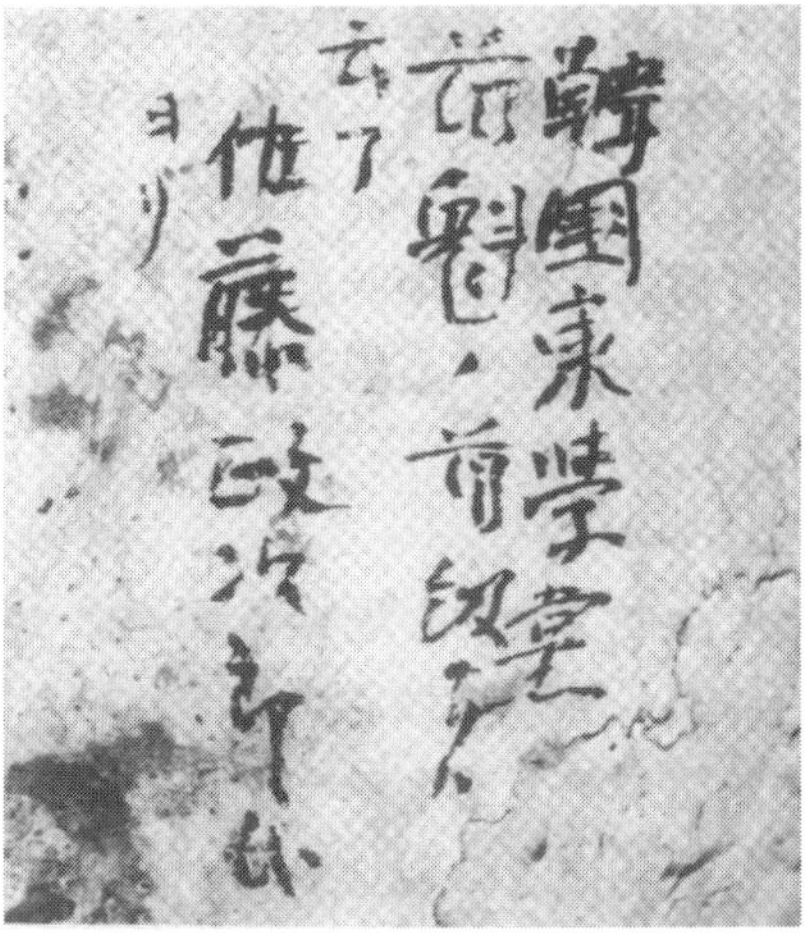

頭骨に墨で書かれていた文字（『古河講堂「旧標本文庫」人骨問題報告書』同調査委員会より）

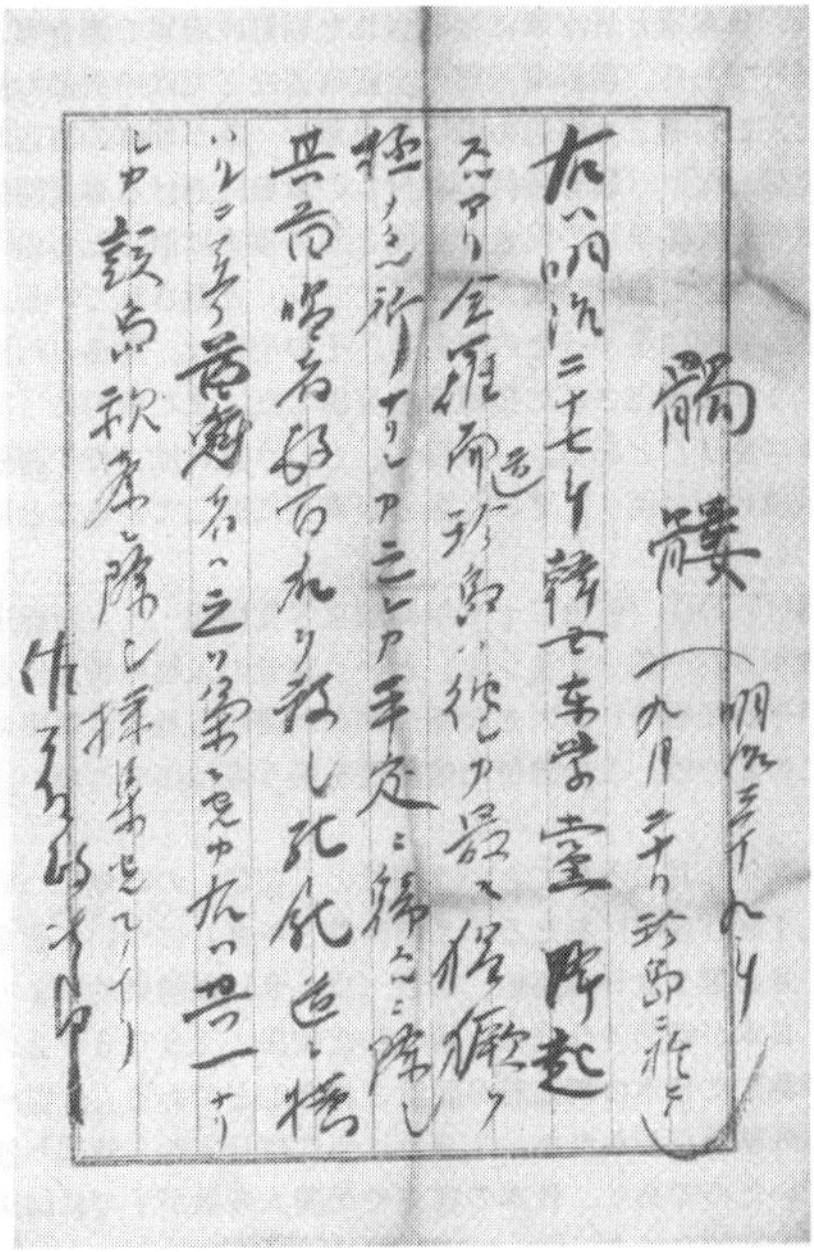

頭骨に添えられていた書付（出典同上）

国立大学で頭骨が粗末に放置されて見つかったことは大問題でした。北海道大学文学部では丁重に韓国に奉還し、同時にこの頭骨をめぐる諸問題の調査がはじまりました。同大学文学部教授で日本近代史、幕末・明治維新の研究者であった井上勝生《かつお》さんを中心に、日本における東学農民戦争に関する研究が画期的に進むことになりました。

その調査の経緯と研究の成果は井上勝生さんの『明治日本の植民地支配——北海道から朝鮮へ』(岩波書店、二〇一三年)をぜひお読みください。

井上さんはこの調査のなかで、東学農民軍の鎮圧のために派遣された後備歩兵第一九大隊の大隊長であった南小四郎少佐の生家を捜し出し、その家に伝えられてきた南少佐の軍用行李《こうり》から当時の日韓双方の記録を見つけ、また鎮圧部隊として派遣されたのが四国四県出身の後備兵〈註〉であったことから、四国各県の調査を進め、さらに韓国の研究者と韓国での調査を進められたのです。

一方、韓国では一九八〇年の軍事政権による民主化を求める市民運動が弾圧され、多くの犠牲者を出した「光州事件」以後、民主化運動が全国的に展開され、一九八七年には国民の直接選挙による大統領の選出など、民主化の戦いが進んでいましたが、そのなかで日本の植民地から解放された後もながく「乱民」としてかえりみられなかった東学農民の調査研究が進んでいました。

その韓国の研究者の一人であり韓国全羅北道、益山《イクサン》にある大学、円光大学校の教員であった朴《パク》孟洙《メンス》さんが北海道大学文学部に留学して、井上勝生さんたちとの共同研究もはじまりました。

こうして日本における東学農民戦争の研究が、文字どおりはじめて本格的に進むことになったのです。井上勝生さんの精力的かつ緻密な学問研究の方法を駆使した東学農民戦争の研究は日本の史学史に残る不朽の業績です（東学農民戦争の研究の進展については、中塚明・井上勝生・朴孟洙『東学農民戦争と日本』高文研、二〇一三年、および本書、Ⅲ章一九三～一九七ページを参照―中塚）。

〈註〉後備兵―日清戦争当時の日本の男子は、満二〇歳で徴兵検査を受け、合格者の常備兵役は現役（陸軍三年、海軍四年）・予備役（陸軍四年・海軍三年）、常備兵役を終えた者は五年の後備兵役に服することになっていました。東学農民軍の鎮圧に動員されたのはこの三〇歳前後の後備兵役の兵士たちでした。

王宮占領が抗日闘争を加速、ひろい地域にわたる東学農民軍の再蜂起

ところで東学農民軍を指導した全琫準《チョンボンジュン》は、後に日本軍に逮捕されて尋問をうけますが、第二次蜂起の理由を問われたのに対して、つぎのようにのべています。

その後聞くところによると、貴国（日本）は開化と称して、はじめからひと言も民間に伝

えることもなく、かつ触れ文を出すこともなく、軍隊をひきいて都に入り、夜半王宮にうちいり、国王を驚かせたという。そのため世間の一般庶民らは忠君愛国の心で、憤りにたえず、義軍を集めて、日本人と戦おうとしたのだ。

（原文は漢文。「全琫準供草」、韓国国史編纂委員会『東学乱記録』下、五二九ページ）

さらに「日本軍だけではなく、すべての外国人をことごとく駆逐しようとするのか」という問いに対して、

そうではない。ほかの国はただ通商をしているだけだが、日本人は軍隊をひきい、都にどまっている。そのためわが国の領土をかすめとろうとしていると疑わざるを得ないのだ。

（同右、五三八ページ）

と答えています。

朝鮮の抗日闘争を排外主義的な暴動とみるのは誤っています。この全琫準の答えからもそれは明らかです。王宮占領が朝鮮の抗日闘争を燃え立たせ、いっそうひろい地域にわたる東学農民軍を含めた朝鮮人民がふたたび蜂起したのです。

皆殺しをはかる日本政府・日本軍

日本政府にとっては、国王を「とりこ」にして戦争の「名分」を手にいれようした朝鮮の王宮占領の事実は、すでにのべたように内外にそのすべてを隠しとおさなければなりませんでした。しかし朝鮮政府を一時的には屈伏させることはできたとしても、朝鮮の民衆の決起を未然に防ぐことはできませんでした。

こうして日本政府・日本軍は、春の第一次蜂起とはくらべものにならないひろい範囲で湧き起こった東学農民軍を主力とする抵抗に直面することになったのです。近代日本が直面するアジアの大衆的・民族的な抗日闘争との最初の出会いでした。

日本政府は、「日韓暫定合同条款」につづいて、八月二六日、朝鮮政府との間に「大日本大朝鮮両国盟約」を結ばせます。王宮占領のあと、七月二五日、「朝鮮政府より清国軍の朝鮮からの撤退について日本公使に委託したのだから、両国政府は攻守あい助ける位置に立っている。だからその事実を明らかにし、国事をともにする目的でこの盟約をする」という主旨で結ばせたものです。

第一條　此盟約ハ清兵ヲ朝鮮国ノ境外ニ撤退セシメ朝鮮国ノ独立自主ヲ鞏固ニシ日朝両国

ノ利益ヲ増進スルヲ以テ目的トス
第二條　日本国ハ清国ニ対シ攻守ノ戦争ニ任シ《じ》朝鮮国ハ日兵ノ進退及ヒ《び》其糧食準備ノ為メ
及フ《ぶ》丈《だ》ケ便宜ヲ与フヘ《べ》シ
第三條　此盟約ハ清国ニ対シ平和條約ノ成ルヲ待《まち》テ廃罷《はいひ》ス可《べ》シ

という簡単なものです。つまり「日本と朝鮮は攻守同盟を結んだのだから、日本軍の軍事行動に朝鮮政府は全面的に便宜を与える」というものです。

朝鮮政府とはこういう形を整えたのですが、しかし、朝鮮民衆を沈黙させることはできません。日本の外交史料館には、『韓国東学党蜂起一件』などのファイルがあり、たくさんの記録、交信された電報などがあります。しかし、朝鮮の抗日の動きは、そのほとんどを「東学党」によるものとし、しかも「東学党」なるものは、「清国兵の使嗾《しそう》」（清国の兵士にそそのかされている）によるものだとか、大国（ここでは清国）に左右されている「事大主義」（弱いものが強いものにしたがっていいなりになっている）だとか、影で大院君があやつっているとか、あるいは「東学党とか義兵といっているが、実は無頼の窮民（無法な、貧乏にあえいでいるものども）にすぎない」というものばかりです。

世界に知られては困る王宮占領をあえてして、ウソの報告で内外の世論をあざむいた日本政府のやり方は、他方で朝鮮の民族的自主性をまったく認めないやり方と表裏の関係にあります。

この日清戦争当時の日本政府・日本軍のものの考え方を私たちはしっかり記憶しておく必要があります。こういうものの考え方は、その後の「昭和の戦争」時代の日本にも一貫していましたし、そしていまでも多くの日本人の頭の片すみに、刺激をあたえればいつでも復活しかねない偏見としてこびりついているものなのですから。

朝鮮半島西南の島々まで追いつめて東学農民を皆殺しにする

東学農民軍を主力とする朝鮮の抗日闘争について、日本政府がもっとも心配したことは、それを契機にイギリスやロシアが朝鮮に干渉してくることでした。

東学農民軍がソウルに入ることがあれば、それをきっかけにイギリス軍が干渉してくる可能性がありました。また東学農民戦争が朝鮮の各地にひろまって、それを鎮圧する日本の軍事行動がロシアに知られることも日本政府は恐れました。朝鮮に領土的野心はないとしてロシアの干渉を避けていた手前、日本の侵略に反対している朝鮮民衆を日本軍が鎮圧する、そんな情景をロシアに見られては、日本の言い分が通らなくなる可能性が大きいからです。

朝鮮の北部、ロシアと国境を接する咸鏡道方面に抗日運動をひろげてはならない、それとは反対方向、朝鮮半島の西南に追いつめて一日も早く鎮圧せよ、というのが陸奥宗光外務大臣はじめ日本政府の方針でした。そのために四国四県の兵士で編成され関門海峡の彦島の守備にあたっていた陸軍部隊を、急遽、東学農民軍の鎮圧にあてることにしたのです。

こうして東学農民軍を文字通り朝鮮の西南端の珍島にまで追いつめて皆殺しにする作戦がくりひろげられたのです。

前に述べたように、近年、東学農民戦争の、特に日本軍による鎮圧作戦の実態について、研究の画期的な前進をリードしたのは北海道大学文学部教授（現在は名誉教授）の井上勝生さんです。井上さんによれば、討伐の主力部隊は、日本から特にそのために派遣され「東学党討滅隊」と呼ばれた後備歩兵第一九大隊であり、また釜山・ソウル間の兵站線守備隊であった後備第一〇聯隊第一大隊、そして各地に出撃し、とくに黄海道東学農民軍討伐の主力となった龍山守備隊の後備第六聯隊です。ソウル守備隊であった後備第一八大隊第一中隊も参加し、この他、多くの日本軍の援軍が参加しました。

討伐作戦が本格的に展開したのは、後備歩兵第一九大隊がソウルから南方に向かって出撃した一八九四（明治二七）年一一月一二日から、翌年一月末のソウル帰還命令までであり、さらに黄海道東学農民軍討伐の終了も視野に入れれば、同年四月末まで続きました（井上勝生「日本軍東学農民軍せん滅作戦の史実」二〇一四年一〇月二八日、韓国東学農民革命記念財団主催、東学農民革命

◆本格的な東学農民軍弾圧（1894年11月12日～1895年2月28日）

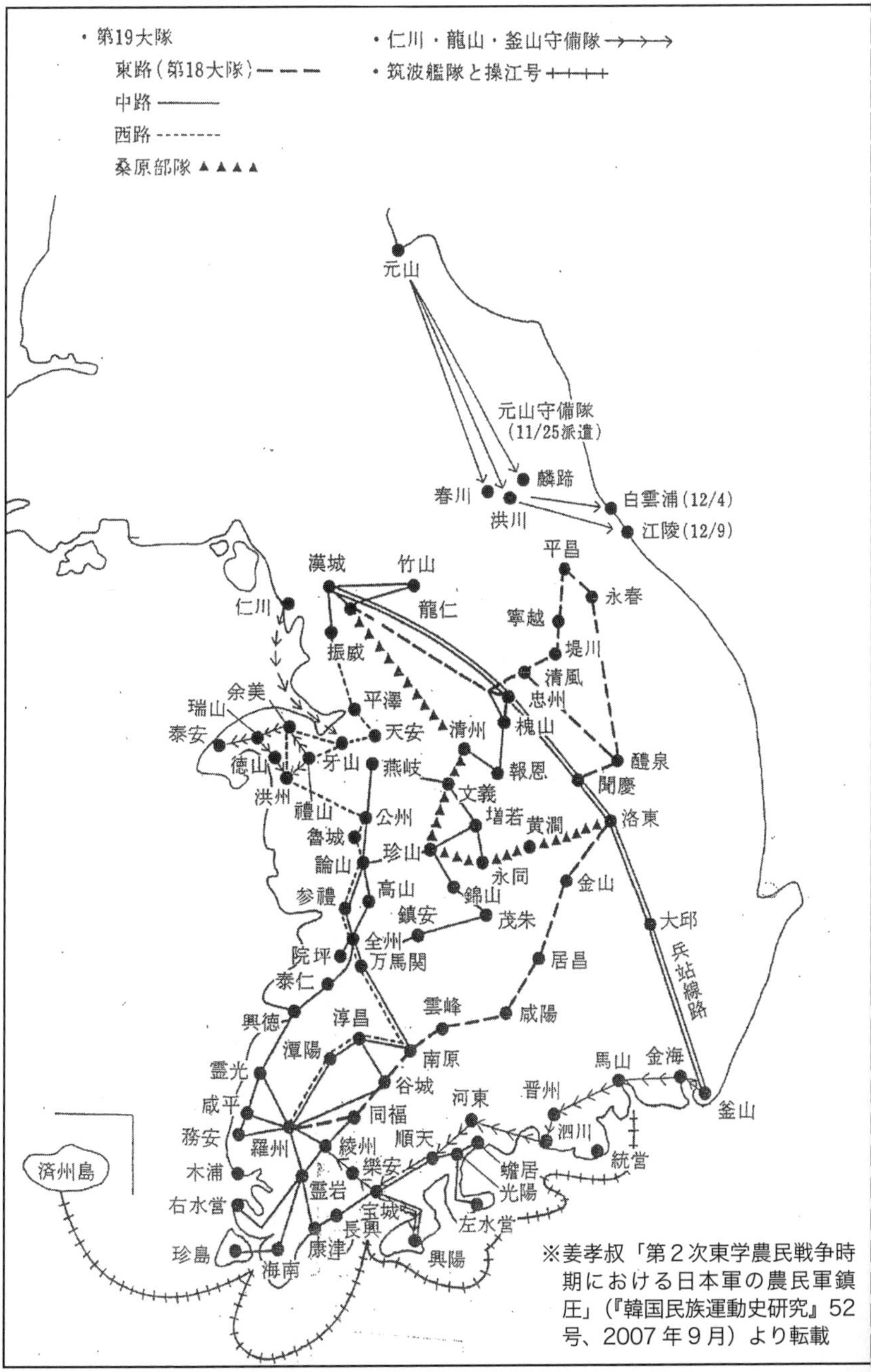

※姜孝叔「第２次東学農民戦争時期における日本軍の農民軍鎮圧」（『韓国民族運動史研究』52号、2007年９月）より転載

一二〇周年シンポジウム基調講演）。

朝鮮政府も東学農民弾圧に軍隊を出しましたが、それも日本軍の指揮下に入りました。大鳥圭介公使のあと朝鮮駐在公使になった井上馨（一八三五〜一九一五）は、仁川におかれていた日本軍の南部兵站監部の責任者である兵站監伊藤祐義砲兵中佐にあてた機密電報で、「我が兵派遣の名義は韓兵の応援なるも、その実韓兵の進退運動は我が指揮監督の下に立たしめ、その節制（統制）に服従せしむること」（明治二七年一一月九日付、機密第二一〇号、『駐韓日本公使館記録五』三二四ページ）と書いていました。

ちなみにこの南部兵站監部というのは、一八九四（明治二七）年九月二七日に、それまでの中路兵站監部を改め、かつ大本営の直接指揮下におかれた東学農民軍の鎮圧のための日本軍部隊の運用にあたった中心的な部署です。

こうして日本軍は東学農民軍をことごとく皆殺しにしたのですが、犠牲になった農民軍の死者、三万人、傷ついたあと亡くなったものをふくめれば五万人にせまると推計されています（趙景達『異端の民衆反乱』、岩波書店、一九九八年）。

日本軍は陸上からだけではなく軍艦も動員して、多島海として知られる全羅道・慶尚道の島々もしらみつぶしに調べました。一八九五年二月二六日、釜山の日本領事の報告には、ソウルに駐在している日本公使の命令で「筑波、操江（軍艦）二艦にたくし全羅・慶尚の諸島をことごとく巡航、捜索せしめられ候えども、いずれもきわめて精密にして賊徒潜伏の形跡さらにもれなく」とあります（姜孝叔「第二次東学農民戦争と日清戦争」、『歴史学研究』七六二号、二〇〇二年五月、参照）。

4　日露戦争の戦争目的は《韓国の保全》だった？

極東の憲兵――義和団鎮圧戦争

日清戦争での日本の勝利は、「眠れる獅子《しし》」中国の実情を世界に知らせることになり、その結果、それまではまだ当面の日程には入っていなかったヨーロッパの帝国主義列強による中国本土分割を一気に進めさせることになりました。

日清講和条約での中国の遼東半島割譲（日清講和条約第二条）がそのはじまりでした。しかし、遼東半島を日本が手に入れることにロシア・フランス・ドイツが反対（三国干渉）したため、日本は遼東半島を手に入れることは、このときはできませんでした。

「欧州列強の支那（中国）本土分割事業は、まったく日本の配膳によって、だが箸は日本からこれを取り上げるという仕方で、（日清）戦後一挙に着手された」（服部之総『条約改正及び外交史』、『日本資本主義発達史講座』所収、一九三二年）のです。

一八九八年には、ドイツが山東半島の膠州湾を、ロシアが遼東半島の旅順・大連港を、イギリスも香港に連なる九竜半島と山東半島の威海衛を、翌年にはフランスが広州湾を、それぞれ租借（条約で借り受ける、実態は植民地化）し、そこを拠点に勢力範囲を拡大しました。アメリカは中国の分割には出遅れましたが、一八九八年、ハワイを併合、ついでフィリピンを領有しました。

こうして中国は、帝国主義諸国によるなかば植民地のような状態におちいったのです。

こういう情況になって、中国でも外国の侵略に反対する運動が起こります。「扶清滅洋」（清朝をたすけて外国を滅ぼす）をさけぶ山東半島から華北一帯にひろがった「義和団」とよばれる民衆蜂起は、一九〇〇（明治三三）年には北京を占領し、そこにおかれていた外国の公使館を包囲しました。

この義和団の包囲から列国の外交官を救出するために八カ国の連合軍（日本・ロシア・イギリス・アメリカ・フランス・ドイツ・イタリア・オーストリア）、いま風に言えば多国籍軍が組織されました。北京攻撃のまえ八カ国の軍隊は、約四万七〇〇〇人に達していましたが、このうち日本軍は二万二〇〇〇人、義和団鎮圧の主力となっていました。

アジアで帝国主義列強の利権がおびやかされるような事態が起こったとき、日本はすぐかけつけて帝国主義諸国の利益をまもる、その軍事力を持っていることを世界に示したのです。明治の日本はここにきて「極東の憲兵」といわれる政治的・軍事的な力量を持っていることに帝国主義諸国が注目するまでになったのでした。

日英同盟と韓国

日本政府は、一九〇二（明治三五）年には、ロシアに対抗する軍事同盟である日英同盟を結びます。

この同盟協約の第一条で、イギリスは主として清国に関し、日本は清国に有する利益に加え、韓国において政治上・商業上・工業上、格段の利益を有するとし、別の国からの侵略的行動、もしくは重大な騒擾の発生によって、両者の利益が重大な影響を受ける場合には、日英両国は利益擁護のため必要な措置をとることを相互に承認することを約束しました。

日本の利益として、清国での利権に加えて、とくに「韓国において政治上・商業上・工業上、格段の利益を有する」ことが明記されており、その利益を損なうような他国の侵略だけではなく、「重大な騒擾」が発生したときにも必要な措置をとれることが書かれているのが注目されます。

明治のはじめから、朝鮮半島の支配を世界へ乗り出す不可欠の道としてきた「日本帝国」が、また新たな朝鮮支配の一歩を進めた同盟協約でした。

「重大な騒擾」とは、東学農民の運動や義和団の蜂起のような事態をさしていることは明らかです。「日本帝国」が朝鮮・中国における民族的なもろもろの運動をおさえつけるのにイギリスと力を合わせることを宣言したのです。

日英同盟は、義和団の鎮圧後も中国の東北、満州に居すわり続けるロシアに対する軍事同盟であるだけではなく、韓国や中国における民族運動に対する武力による鎮圧をイギリスとともに認めたものでした。

日露戦争の宣戦の詔勅「韓国の保全」

日本帝国のつぎのステップは日露戦争でした。

日露戦争の戦争目的を日本政府はどう言ったのでしょうか。宣戦の詔勅をみてみましょう。

　帝国ノ重《おもき》ヲ韓国ノ保全ニ置クヤ一日ノ故《ゆえ》ニ非ス《あらず》。是《こ》レ兩國累世《るいせい》ノ關係ニ因《よ》ルノミナラス《ず》、韓國ノ存亡ハ實《じつ》ニ帝國安危《あんき》ノ繋《かか》ル所タレハ《ば》ナリ。然《しか》ルニ露國ハ、其ノ清國トノ盟約及列國ニ對スル累次ノ宣言ニ拘《かか》ハラス《ず》、依然満州ニ占拠シ、益々其ノ地歩ヲ鞏固《きょうこ》ニシテ、之ヲ併呑《へいどん》セムトス。若《も》シ満州ニシテ、露国ノ領有ニ帰《き》セン乎《か》、韓国ノ保全ハ、支持スルニ由《よし》ナク、極東ノ平和、亦素《またもと》ヨリ望ムヘカラス《べ ず》。……

わかりやすく意訳しますと、

日本が「韓国の保全」を重視しているのはいまにはじまったことではない。これは両国の昔からの関係によるものであるばかりか、韓国の存亡はうたがいなく日本の安全にかかわるところであるからである。それなのにロシアは、清国との盟約および列国に對するたびたびの宣言にもかかわらず、依然として満州を占領し、ますますその活動を強めて、勢力下に置こうとしている。もし満州をロシアが領有することになると、「韓国の保全」はできなくなり、極東の平和もいうまでもなく望むことができなくなる、……

「保全」とは、例えば「環境保全」「水質保全」など私たちがよく耳にする言葉ですが、「韓国ノ保全」というのは、いったいどういうことなのでしょうか。

日露戦争の宣戦の詔勅で日本が主張したことは、ロシアが満州を占領し居すわってしまうと「韓国の保全」ができない、「韓国の保全」ができないとそれは「日本の存亡にかかわる」、という論法です。だから「韓国の安全を脅かすロシアと戦う」ということを、「戦争の目的」として、日本は内外に宣言したのです。

では、日露戦争の実態はどうだったのでしょうか。実際の戦争で日本はよく「韓国の保全」につとめたのでしょうか。事実はまったく逆でした。そのことを、具体的な事実に即して以下に見ていきます。

なお、朝鮮では、一八九七年、日本の年号で言うと明治三〇年に、形式として残っていた清国皇帝への従属関係（宗属関係）を脱却し、朝鮮の国王が清国の皇帝と並ぶ地位に立つことを明確にするために、新たに「皇帝」を称し、「王」による政治から「皇帝」による政治にし、国の名前も「大韓」としました。歴史の記述では「朝鮮王朝」にかわって「大韓帝国」と言います。

この本でも一八九七年以後のことについて述べるときには「韓国」と書きます。ただ、「韓国」というと、いま現在の「大韓民国」を「韓国」と略称しているのでまぎらわしいですね。この本では、前後の文脈に注意しながらお読みください。

5　日露戦争の実態――韓国の主権侵害

「韓国沿岸では国際法上の例規を重視するを要せず」

日清戦争のときは、なにしろはじめての本格的な対外戦争なので、日本政府にとって開戦にあたっては、列強の動きに大変に気を使いました。とりわけイギリスの動向が最大の関心でした。

しかし、日露戦争では、戦う相手はロシアです。そのためロシアに日本が戦争をしかけるのを事前にさとらせないことに、最大の努力が払われました。イギリスとは同盟を結んでいるのですから、日清戦争のときのようにイギリスに気を使うことはありません。

ですから、ロシアに日本の意図を知られることをいかに防ぐか、そのことにもっぱら努力するほかは、とくに戦場となる韓国に対しては、日本軍はあからさまに韓国の主権を侵害することもさして意にとめず、隠密ではあるが大胆に韓国の主権を踏みにじって、ロシアとの戦争の準備を進めました。

日露戦争の実態などについては、ここ一〇年ぐらいの間に、日本での研究はいちじるしく前進しました。

特に和田春樹さんの『日露戦争』上・下（岩波書店、二〇〇九年、二〇一〇年）は、ロシアの史料を全面的に研究したうえ、日本や韓国の記録にもひろく目配りして、日露戦争研究の水準を画期的に高めました。和田さんによれば、この戦争の起源と開戦についての最高の研究は、一九一〇年、ロシア参謀本部の日露戦争正史執筆チームのメンバーであったシマンスキー中将が書いた三巻本の調書『日露戦争に先行した東方の諸事件』（総七九一ページ）です。

この本は、ロシアの陸海軍省、外務省の文書、関係者の個人文書などを網羅的に見て書かれた本で、あまりに多くの秘密文書を使っているため、外務大臣の抗議で一九一〇年に七部しか印刷されませんでした。そのためロシアの研究者もふくめてこのシマンスキー中将が戦後まもない時期に書いた本を利用して研究した研究者がいままでいなかったのです。

しかし第二次世界大戦後、ソ連の書籍を日本に輸入する業者のパイオニアであったナウカ社が、ロシア・ソ連の日本研究関連資料のマイクロフィルム・コレクションを作っていたのです。和田さんは東京大学所蔵のそのコレクションのなかでこの本を読むことができたことを報告されています（『歴史地理教育』二〇一〇年一〇月）。

また在日韓国人の研究者である金文子《キムムンジャ》さんは、『日露戦争と大韓帝国』（高文研、二〇一四年）をあらわし、日露戦争で日本が韓国の主権をほしいままに蹂躙して開戦準備を進めたことをはじめ、日本人の研究者が見落としがちな視点から、日本の海軍軍令部が作成した『極秘明治三十七八年海戦史』などの史料をつぶさに活用して研究を前進させました。

和田さんの本も金さんの本も分厚い本で見ただけでも圧倒されるかもしれませんが、ぜひ通読されることを期待します。

以下の叙述は、その研究から日露戦争を進めるうえで、日本が韓国の主権をどのようにふみにじったのか、そのごく一部を紹介することにします。

日露戦争で日清戦争のときの川上操六陸軍中将（参謀次長）の役割を果たした、いいかえれば日露戦争の戦争指導、とくにどうしてロシアと開戦するかを中心になって考え、推進したのは、海軍大臣の山本権兵衛《ごんべえ》（一八五二〜一九三三）でした。

彼は、日露戦争では、まず制海権を日本が獲得すること、そのためには遼東半島の旅順を基地とするロシア艦隊の機先を制してこれに壊滅的な打撃をあたえる必要があるということ、日本にとってそれが日露戦争のゆくえを決定するもっとも重要な作戦だと考えていました。

当然、このロシア艦隊の攻撃には海軍があたることになります。

山本権兵衛海軍大臣は、ロシアとの戦争の開始を目前にして、一九〇四（明治三七）年一月三一日、海軍のトップ（八名の司令長官＝軍令部長、横須賀、呉、舞鶴、佐世保の各鎮守府の長官、第一から第三までの艦隊の長官）に訓示を送りました。そしてその訓示を、各々の司令長官の指揮下にある一〇名の司令官（軍令部次長、竹敷［対馬］・馬公［台湾澎湖島］要港部司令官、および第一から第七までの艦隊司令官）に周知させたうえ、各司令長官自ら保管することを命じました。最初にロシアと戦う海軍の首脳に、開戦直前、最重要な機密の訓示を電報で送ったのです。そのなかにはつぎのような文言がありました。

……我が軍隊の行動は恒《つね》に人道を逸する（人道から離れる）が如きことなく、終始光輝ある文明の代表者として恥づる所なきを期せられむこと、本大臣の切に望む所なり

日本の軍隊は人道からはずれることなく、文明の代表者として、恥ずかしくない行動で堂々と戦うように、と電報で訓示したのです。

しかしこのとき、朝鮮の仁川港にあってそこに碇泊しているロシア軍艦の動きを監視し続ける

任務を帯びていた「千代田」という軍艦の艦長に対してはこんな訓示を送っていたのです（傍線は中塚）。

……今後或いは電信の不通を見るが如きことあるべしと雖《いえど》も、貴官は我が連合艦隊の其の方面に出現する迄《まで》、其の地に止まることに心得、臨機の処置は貴官の専断に任ず、又韓国沿岸に於ては、他の列強との関係を惹起《じゃっき》せざる限りは、国際公法上の例規を重視するを要せず

今後、電信が不通になることがあるかもしれないが、「千代田」艦長は日本の連合艦隊が仁川方面に出現するまで、ロシア軍艦を見張って仁川港にとどまること、なにかことが起こり対処する必要があれば、その処置は艦長の判断で適切に対処せよ、と訓令し、同時に「韓国の沿岸では、ほかの列強との間にいざこざを引き起こさない限り、国際公法のきまりを重視する必要はない＝国際法にこだわらず行動してもよろしい」、と打電したのです。

日本は国際法を無視して、開戦前に韓国領海内に海底電線を敷設

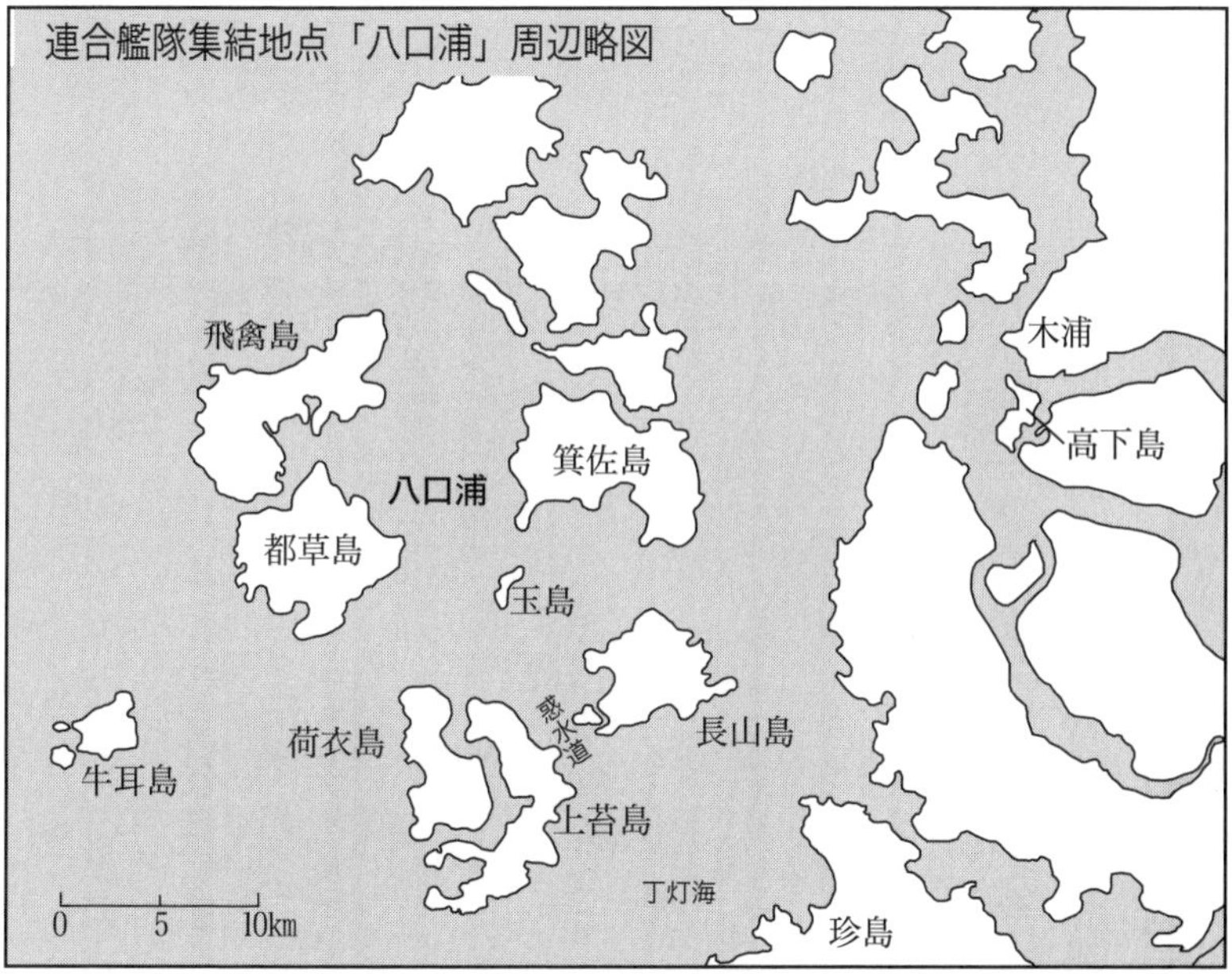

連合艦隊集結地点「八口浦」周辺略図

このように「韓国沿岸では国際公法上の例規を重視するを要せず」と、最高指揮官が出先の司令官に命じて日露戦争に向かった日本海軍は、日露戦争開戦前に、韓国政府の了解も得ないまま、韓国の領海内深く、日露開戦に備えて海底電線を敷設しました。

全羅南道の西南、木浦《モッポ》市の西南の方、珍島《チンド》の北西にあたる大小の島々からなる多島海の海域があります。そのなかに現在、全羅南道新安郡の領域に属する箕佐島・長山島・荷衣島・都草島などの比較的大きな島に囲まれた海域があります。その海域のほぼ真ん中に「玉島《オックド》」という小さい島があります。

その「玉島」まで、日本海軍は佐世保から海底電線を敷設したのです。日露開戦の二〇日以上も前、一九〇四（明治三七）年一月一五日午後五時には、佐世保との間の海底電線敷設を完了していました。

この辺りの海域を八口浦《パルクポ》といっていて、日露戦争開戦直前の日本の連合艦隊の集結海域として確保していたのです。

当時はまだ日本の海軍省や軍令部から無線で軍艦ごとに連絡することができない通信状況でした。だから開戦直前の緊急連絡は有線でしかできないので、こういう「無法」をあえてしたのです。

旅順のロシア艦隊を奇襲攻撃するため、日本の連合艦隊は一九〇四（明治三七）年二月六日、佐世保を出港、二月七日には、旗艦「三笠」をはじめ旅順にいるロシア艦隊を奇襲攻撃するのに参加する日本の艦船がすべて八口浦に近いシングル水道に集結していました。

東京の海軍軍令部から玉島まで韓国の主権を無視して敷設した海底電線を通じて指令が送られます。

中国の山東半島の芝罘《チーフー》に駐在し、旅順のロシア艦隊の動向を逐一監視していた森海軍中佐から、東京の海軍軍令部あてに、ロシアの旅順艦隊の碇泊位置を詳しく報告してきた急報です。

その急報が、東京の軍令部から「玉島」につくった電信局あてに発信され、そこに集結していた日本の連合艦隊はこの最新情報を得て、ロシアの旅順艦隊を奇襲攻撃するため、旅順へ向けて出撃したのです。（金文子『日露戦争と大韓帝国』二五二〜二五六ページ）。

一方、一九〇四年二月六日、日本海軍は韓国の鎮海湾《チネ》、そのもっとも奥にある馬山浦《マサンポ》を占領、上陸して馬山の電信局を占領しました。開戦をうかがわせるような状況を察知してロシア要員がロシアの関係機関にあてて通信を送ることができないように、韓国の電信局を日本軍が占領したのです。

同時に、鎮海湾を日本の連合艦隊の根拠地にするためにここを占領しました。二月六日のことです。ロシアの艦隊との交戦がはじまるのが二月八日ですから、その二日前、日露戦争は韓国の鎮海湾占領からすでにはじまっていたのです。

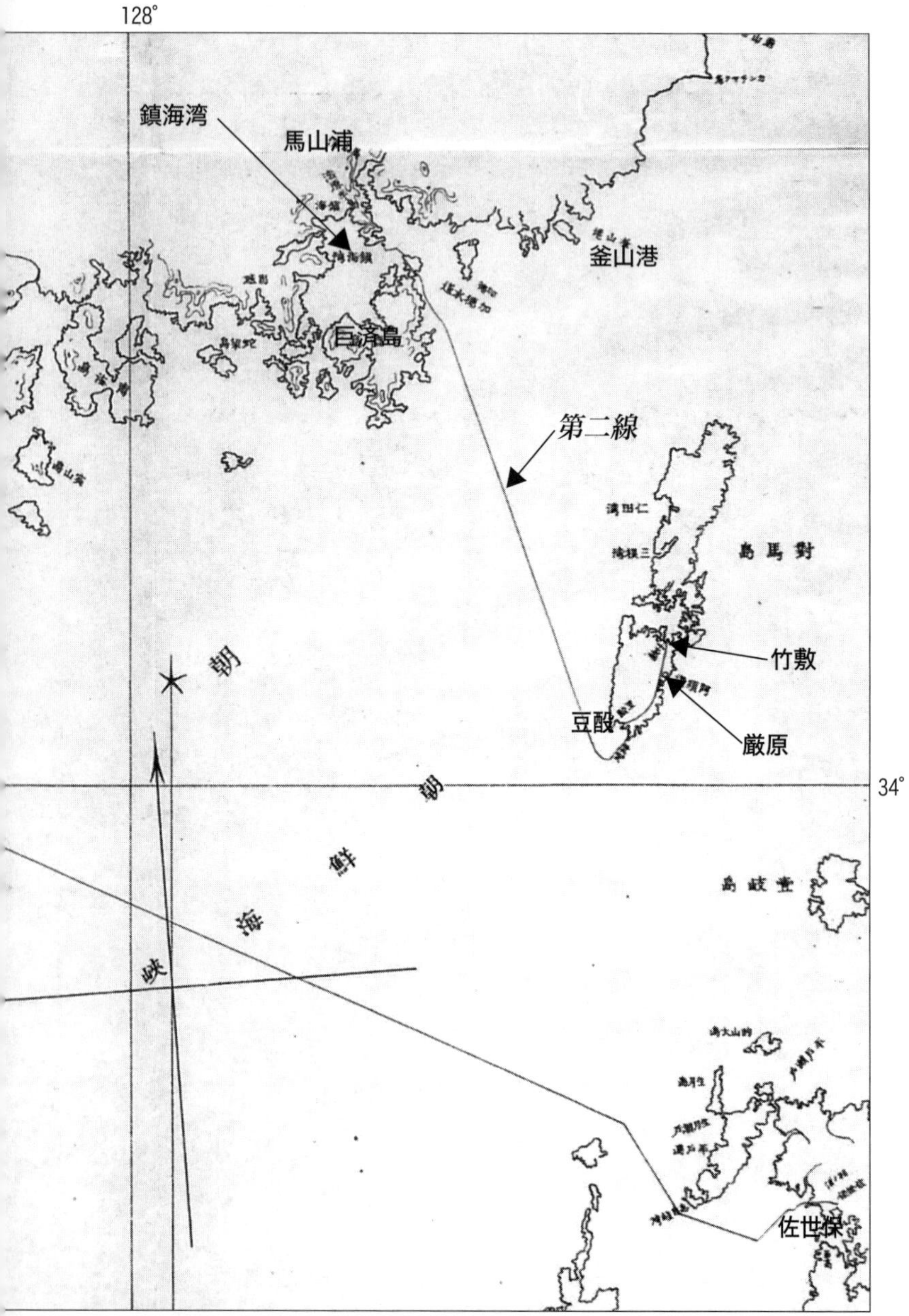

地名を挿入した。原図では水底線が青、陸上線が赤で表記されている。金文子著『日
戦争と大韓帝国――日露開戦の「定説」をくつがえす』〈高文研〉より転載）

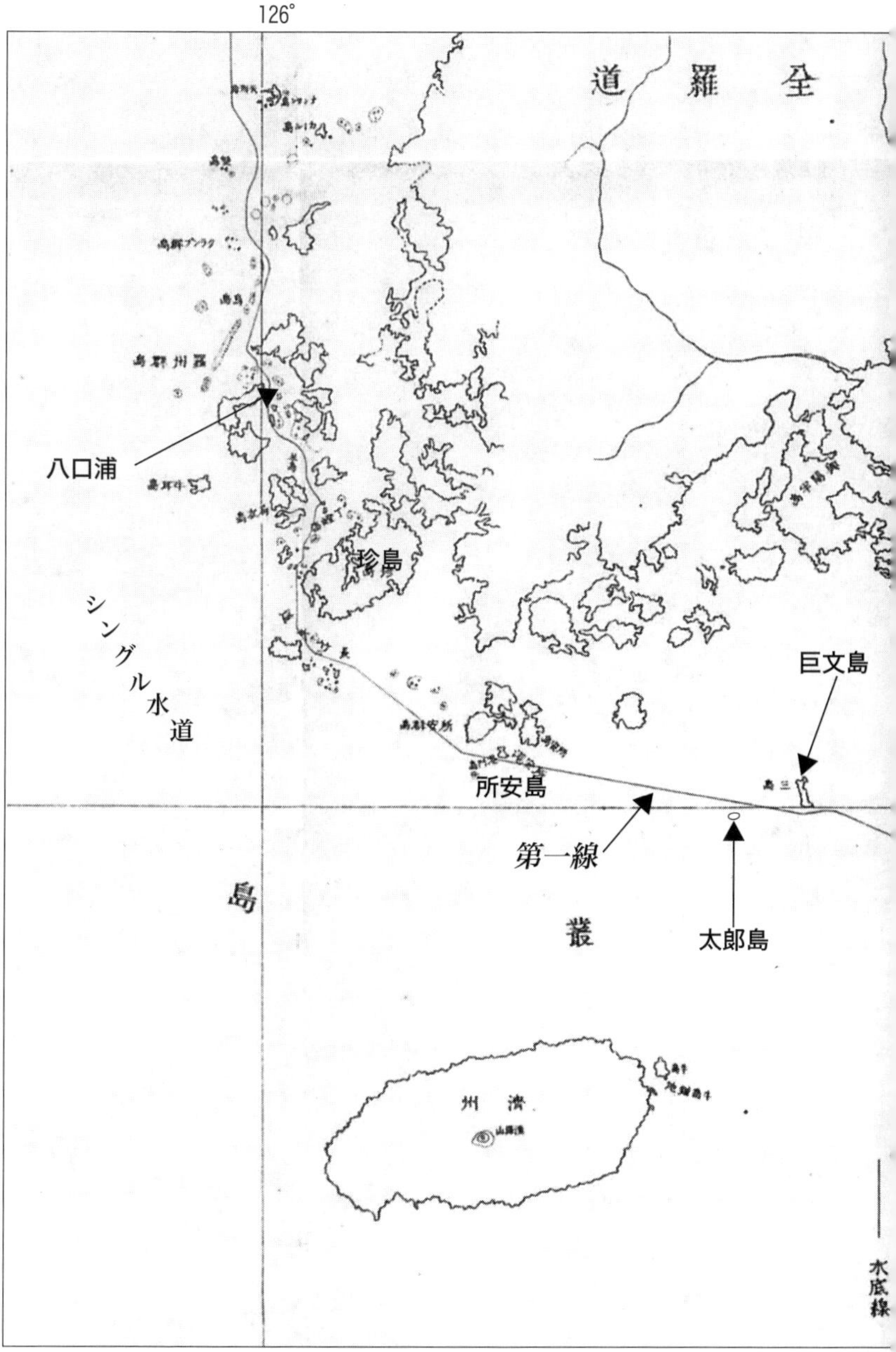

韓国南部沿岸図（国立公文書館アジア歴史資料センター「軍用海底電線の敷設」〈レフ
レンスコード C05110158200〉『極秘明治三十七八年海戦史』第 8 部巻 6 所収「朝鮮沿岸

「竹島の島根県編入」と日本海海戦

開戦から一年余をへた一九〇五（明治三八）年五月二七日、よく知られているようにロシアのバルチック艦隊は対馬海峡で日本の連合艦隊の迎撃にあい、壊滅的な大打撃を受けましたが、その残存艦船はウラジオストックに向かって懸命に航行しつづけます。

その残存艦隊を、日本の連合艦隊の主力はウラジオストックへの航路にあたる「竹島近海」で待ち伏せます。

その結果、ロシアのバルチック艦隊の残存艦艇はここで日本の連合艦隊に捕捉され、戦わずして降服、文字どおり壊滅したのです。

日本の連合艦隊司令長官東郷平八郎が、大本営に勝利の電報を打ちました。

　連合艦隊の主力は二十七日以来残敵に対して追撃を続行し、二十八日リャンコールド岩付近に於て敵艦ニコライ一世〈戦艦〉アリヨール〈戦艦〉セニヤーウイン〈装甲海防艦〉及びイヅムールド〈巡洋艦〉より成る一群に会してこれを攻撃せしに、イヅムールドは分離して逃去せしが、他の四艦は須臾《しゅゆ》にして降服せり。我が艦隊には損害なし。

この電報は翌日、大本営に届き、『官報』にも新聞にも、そのまま掲載されました。『東京朝日新聞』は電文に添えて「大海戦地点（公報参照）」として地図を掲げ、その中心点に「リャンコイルド岩」と名前を記しました。

ところが、六月五日の『官報』につぎのような訂正記事が出ました。

去月二十九日官報号外本欄、日本海海戦戦報の項其三、及び同三十日、同日本海海戦続報の項其五中、「リャンコールド岩」をいずれも「竹島」に訂正す　海軍省副官

実は、「リャンコールド岩」（当時は「リャンコ島」、あるいは「リャンコールド岩」）と呼ばれていたこの岩礁について、「竹島」という名前で、日本海海戦の四カ月前、一九〇五（明治三八）年一月二八日、日本政府は閣議で日本領に編入することを決めていたのです。

ところが、この閣議決定による「竹島」という新たな島名を、東郷平八郎をはじめ日本海海戦の勝利の電報を起草した参謀も、受け取った大本営も、そして新聞社も知らなかったのです。

今日、日本政府は「竹島」は島根県に属する日本固有の領土だ、と学校教育でも教え込んでいますが、この「竹島」を「日本領土だ」と日本政府が決定したのは、一九〇五（明治三八）年一

月二八日、すなわち日露戦争の最中、ロシアのバルチック艦隊を迎え撃つ、その軍事的必要と結びついて閣議決定されたものであることを、私たちはどれだけ知っているでしょうか。

金文子さんの『日露戦争と大韓帝国』で明らかにされましたが、ロシアのバルチック艦隊がバルト海のリバウ軍港を出港（一九〇四年一〇月一五日）してから、日本では、山本権兵衛海軍大臣をはじめ日本の海軍関係者の間では、その迎撃体制をどうつくるか、当然のことながら大きな懸案事項となりました。

日露戦争中の一九〇四（明治三七）年の年末ぎりぎりの一二月三〇日、東郷平八郎連合艦隊司令長官は、ウラジオストックにいるロシア艦隊に対処する任務に従事していた上村第二艦隊司令長官と幕僚をひきつれて東京にやってきます。

山本権兵衛海軍大臣、伊東祐亨軍令部長とバルチック艦隊を迎え撃つ方策を協議するためです。その直後、彼らは日本陸軍が旅順要塞《ようさい》を占領した（一九〇五年一月一日）との報告を受けたことでしょう。

この協議の結果として制定された「朝鮮海峡に於ける地点幹線警戒線予定図」（明治三十八年一月一日連隊法第四号図）によれば、警戒線の最東北のラインは、島根県の境港《さかいこう》の先端、地蔵崎を南端として、隠岐島の前島から北上し、リャンコールド島、そして鬱陵島をへて韓国の江原道竹辺に連なる線です。

「リャンコールド島」という島名は、一八四九年、フランスの捕鯨船、リャンコールト号がはじめて発見したとしてこの船にちなんでつけられた名前で、略して「リャンコ島」とも呼ばれるようになっていました。

日露戦争がはじまってから、朝鮮半島の東岸にあたるこの海域には、ウラジオストックを根拠地にしているロシアの艦隊がしばしばあらわれて、日本軍の輸送船が攻撃されるという事態も起こっていました。

ですからそれに対する警戒のため、日本海軍は韓国東岸から鬱陵島にかけて海底電線の布設や望楼の設置を進めました。「リャンコ島」は人が住める余地はない二つの岩礁からなるだけでしたが、ここにも日本海軍によって望楼の設置が計画されていました。

このような経過があって、次ページに掲載したバルチック艦隊を迎え撃つ「朝鮮海峡に於ける地点幹線警戒線予定図」の最北東の警戒ラインのちょうど真ん中あたり、Xの符号がつけられ重視されていた地点が「リャンコ島」だったのです。

そして、この予定通り、一九〇五（明治三八）年五月二八日、この海域でバルチック艦隊は降服したのでした。

朝鮮海峡ニ於ケル地點幹線警戒線豫定圖

明治三十八年一月一日聯隊法令第四号圖

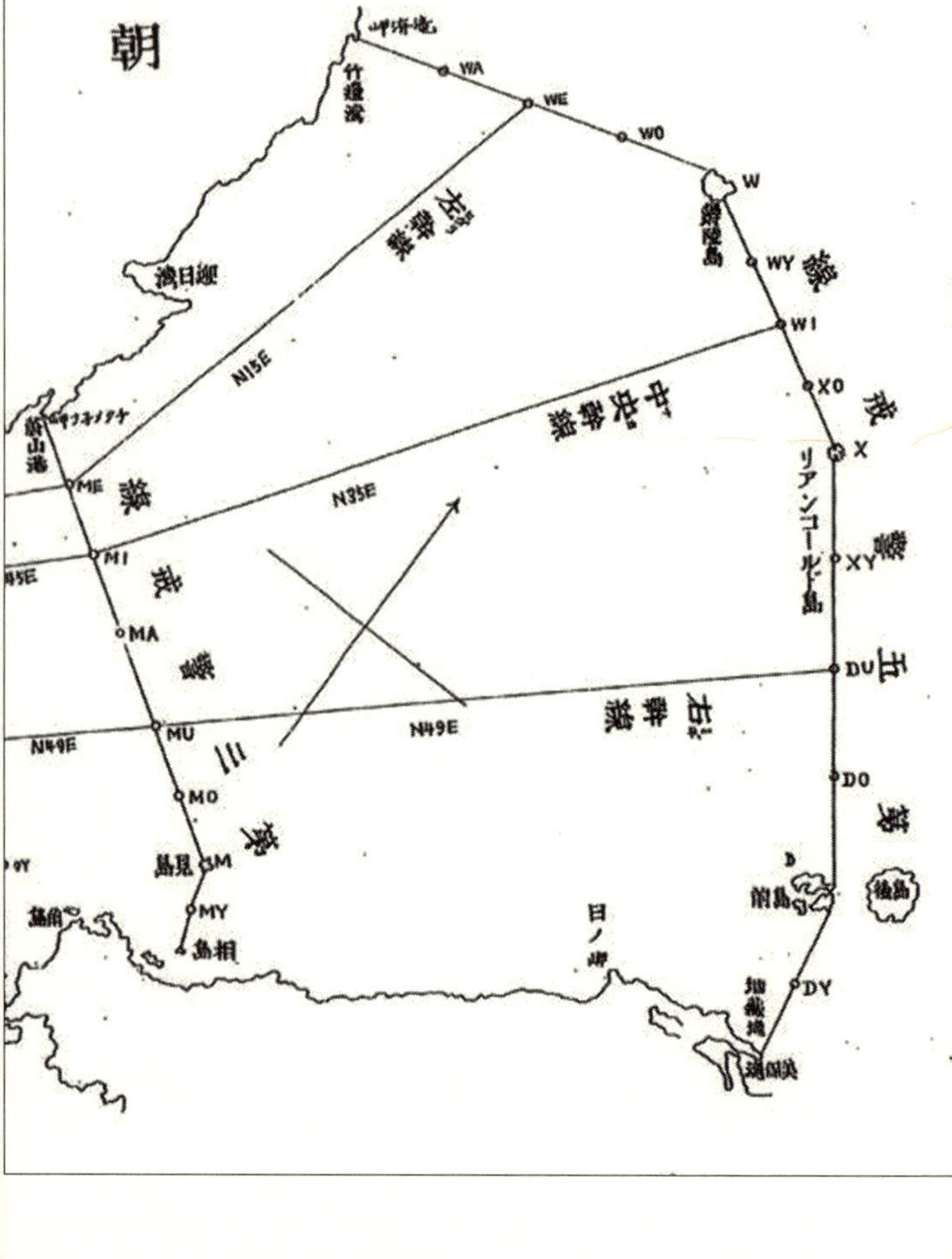

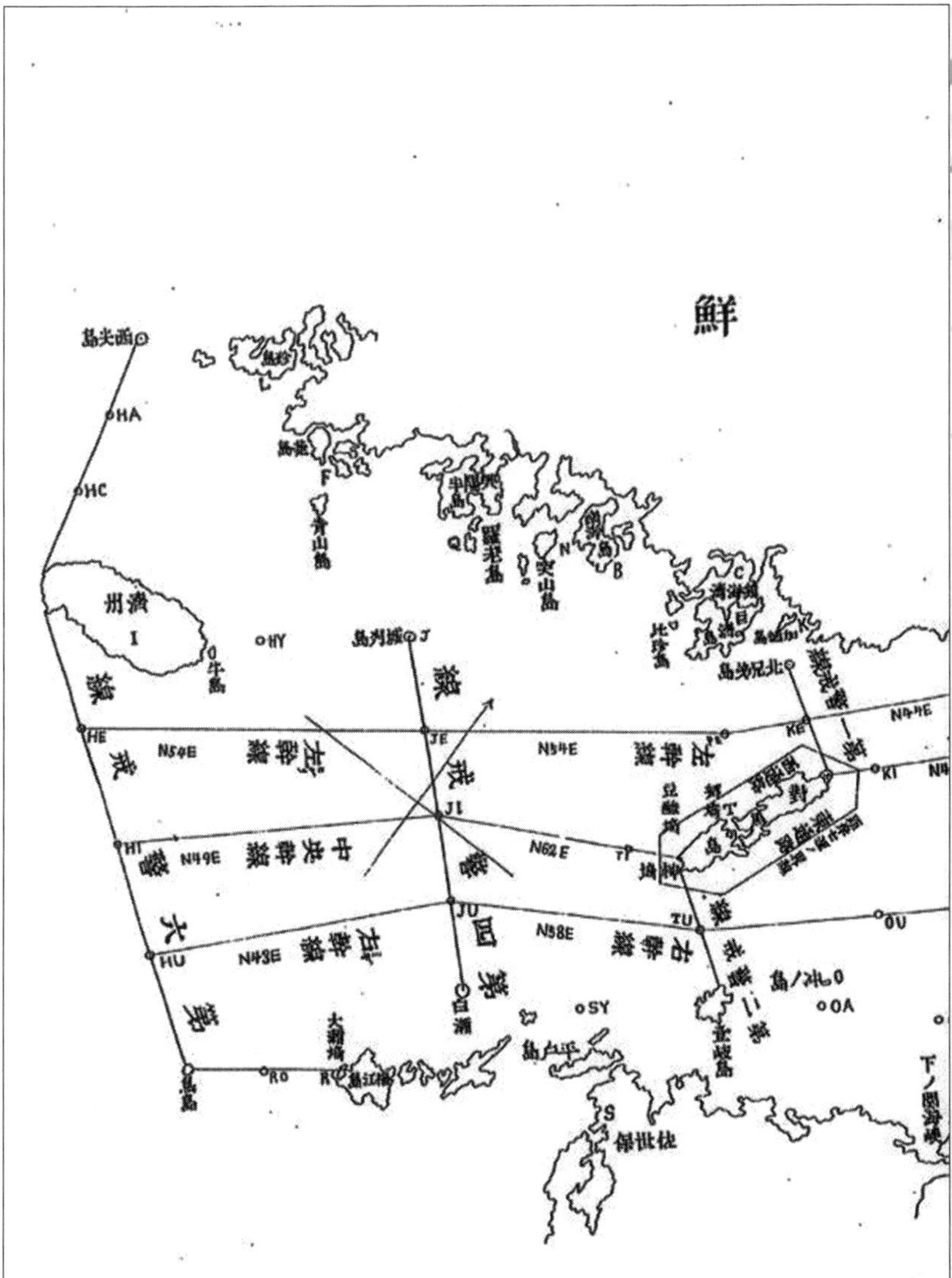

「朝鮮海峡ニ於ケル地点・幹線・警戒線予定図」(『極秘明治三十七八年海戦史』第2部巻1所収〈国立公文書館アジア歴史資料センター・レファレンスコードC05110083400, 5/37〉、金文子著『日露戦争と大韓帝国——日露開戦の「定説」をくつがえす』〈高文研〉より転載)

韓国併合――朝鮮植民地支配の実現

日露戦争では、日本は、ロシアとの交戦以前に、朝鮮の領海深く海底電線の布設や連合艦隊の根拠地として鎮海湾の制圧、馬山の電信局の占領など、山本権兵衛海軍大臣の「韓国沿岸に於ては、他の列強との関係を惹起せざる限りは、国際公法上の例規を重視するを要せず」という電訓を実行して日露開戦に持ち込んだのでした。

こうした内外の公的な世界に公表できないような不法行為のうえに、韓国には日韓議定書を結ばせ（一九〇四年・明治三七年二月二三日）、日露講和条約（一九〇五・明治三八年九月五日）のすぐ後には、第二次日韓協約、いわゆる「保護条約」（一九〇五・明治三八年一一月一七日）を結んで外交権を奪い、そして一九〇七・明治四〇年七月二四日には、「韓国内政の全権掌握に関する日韓協約（第三次日韓協約）および不公表覚書」によって、韓国の軍隊を解散させ、そのうえで「韓国併合」（一九一〇年・明治四三年八月二二日）におよんだのです。

明治維新から四三年、日本は日清戦争、義和団鎮圧戦争、そして日露戦争をへて朝鮮を完全に従属させ植民地とする目標を実現しました。

一方、「韓国併合」の翌年、一九一一（明治四四）年には、四月三日、イギリスと新しい通商航海条約に調印し、これとあい前後して、アメリカ・スペイン・スウェーデン・ノルウェー・スイス・ドイツ・フランスなど欧米諸国とも新通商条約に調印し、ようやくにして関税自主権を回復、幕末以来の不平等条約から解放されました。

6　この新興の「日本帝国」を植民地の人びとはどう見ていたのか

日本の大国化、列強への仲間入りは、日清戦争・日露戦争という明治の二つの対外戦争に勝利した結果であることは否定しようのない事実です。日本の資本主義的発展もこの二つの戦争と不可分のものでした。

ところが、いま私たちの国では、この二つの戦争がどういう戦争であったのか、日本はなにを目指してどういう戦争をしたのか、日本の侵略をうけた朝鮮では朝鮮人はどうしたのか、どんな動きがあったのか、そんなことについて、まったく知らない人がほとんどです。政府から一般市民にいたるまで隣国の韓国・朝鮮との歴史が、とくに明治以後、どんな問題をはらみつつ経過したのか、ほとんど知らないのです。

こういう状況は、今日の日本の外交のありかたにも深刻な後遺症となってあらわれています。しかし知らないのは日本人だけです。世界では、たとえば、ずっと前に、インドの政治家、ネルーの歴史的な指摘があります。

インドの政治家、ネルーの『父が子に語る世界歴史』

ネルー（一八八九〜一九六四）は、インドの政治家、インド独立のために戦った民族運動の指導者です。インドが第二次世界大戦後、イギリスの植民地支配から独立したあと首相として、積極的中立主義・平和共存・反植民地主義の原則を掲げる非同盟外交を推進して、世界的にも名声を博しました。

インドがイギリスの植民地であったことはご存じですね。ちょっとその歴史をふりかえっておきましょう。

インドが世界の文明の発祥の地の一つである古い歴史を持つ土地であることはよく知られています。紀元前二三〇〇年ごろインダス川流域に青銅器をもつ都市国家が成立しました。

ところが一六世紀ごろからインドには、ポルトガル・オランダ・フランス・イギリスなどヨーロッパの諸国が、貿易の利益を求めて進出してきました。イギリスは一六〇〇年、東インド会社を設立してインドでの植民地活動を進めていきました。インドの支配をめぐって、一七五七年、イギリスとフランスがコルカタ（カルカッタ）の北方、プラッシーで戦います。イギリスが勝利しましたが、一八五七年、インドのセポイの反乱（北インド全域で起こったインド最初の反英民族戦争）が起こりました。これも鎮圧したイギリスは東インド会社を通じての支配から、直接イギリス政府がインドを支配することになりました。

古い文明と宏大な領域を持つインドでは、その後もイギリスの支配に反対する民族運動が続きました。

ネルーは一八八九年の生まれ、日本の元号でいえば明治二二年の生まれです。日清戦争（一八九四〜九五）のときは六歳、日露戦争（一九〇四〜〇五）のときは一六歳でした。この一六歳のとき、イギリスに留学します。そしてケンブリッジ大学で学び、帰国後、弁護士として活動するとともに、有名な民族運動の指導者、ガンディーに協力、反英民族運動に指導的な役割をはたしました。

投獄されること九回、『父が子に語る世界歴史』は、一九三〇年一〇月二六日から一九三三年八月九日までの三年間にわたる獄中生活のとき、獄中から愛する一人娘インディラにせっせと書き送った手紙として書かれたものです。――大変興味ある世界史の本です。大著ですが、読みやすく書かれています。まだ読んでおられない方には、ぜひお読みになることをおすすめします。全八冊、みすず書房から刊行されています。

ここでは、ネルーが近代史のなかで日本をどう見ていたか、明治の時代の日本を世界史のなかでどう位置づけていたか、日清戦争や日露戦争をどう見ていたか、日本と中国はなぜちがった道をたどったのか、日本は朝鮮でなにをしたのか、等々、興味深い記述があります。

ちょうど「満州事変」を日本がはじめたのが一九三一年九月ですから、その「満州事変」をめぐる世界の動きを横に見ながら、これらの手紙を書いていたのです。

いくつか紹介します。イギリスの植民地支配に反対して、インドの独立のために戦っていた世界史のなかでも傑出した政治指導者のネルーが、日本の動きをどう見ていたのか、学ぶところが大きいと思います。

ネルーは「明治の日本」をどう見ていたのか

まずはじめに、ネルーが日本の鎖国について書いているのを紹介しましょう。

「八一　日本の鎖国」を書いたのは一九三二年七月二三日のことです。（以下、引用した手紙中の括弧について説明しておきます。ネルーの手紙の文中の（　）は訳文にあるもの、［　］は中塚の注記です。各々の引用手紙末尾の（　）内の表示は「みすず書房版の巻数とページ数」を示しています。また、引用が長文なるときは適宜改行してあります。）

まず、鎖国について肯定的な評価があります。

日本のこの反応［鎖国のこと］は、同情できる。むしろかれらが、ヨーロッパ人とほとんど交渉がなかったにもかかわらず、宗教という羊の衣をかぶった帝国主義の狼を看破《みやぶ》る洞察力をもっていたことこそ、おどろくべきことだ。後年、また諸外国で、ヨーロッパ人がどれほど自己の拡張のために宗教を利用したかは、ひろく知られている。（三―六四）

それから約半年後の一九三二年一二月二七日には、「一一六　日本のばく進」で、中国との比較などもした文明批評も交えながら明治の日本について論じています。興味深いところをいくつか抜粋して紹介します。

新しい天皇は、いまや、しかるべき地位についた。皇位を嗣《つ》いだばかりの天皇ムツヒト（睦仁）は、十四歳《ママ》の少年であった。一八六七年から一九一二年までの四十五年間、かれは皇位にあった。そしてこの時期は明治（啓蒙された統治という意味）時代として知られている。日本がばく進をはじめ、西洋諸国を模倣して、さまざまな観点からそれらの競争者となったのは、かれの治世のことだ。この一代のうちにもたらされた、はかり知れない変化はまさに驚異であり、歴史のうえでも、くらべるものがないほどだ。日本は大工業国となり、西洋諸国の例にならって、帝国主義的略奪国家となった。日本は、進歩のあらゆる外面的特徴をそなえており、工業については、その教師たちを凌駕さえしている。人口は急激に増加し、商船は世界中を航行するようになった。日本の声は、いまや国際政治のうえに重要な意味をもつものとして、世界の注意をあつめている。（四―一六五）

そして、日清戦争について――

一八九四―五年の中日戦争［日清戦争］は、日本にとっては朝飯前の仕事であった。日本の陸海軍が新式だったのにたいして、中国のそれは旧式で、老朽化していた。日本は連戦連勝して、中国にたいして、日本を西洋列強と同等の地位におく条約（下関条約）の締結を強要した。朝鮮の独立は宣言されたが、これは日本の支配をごまかすヴェールにすぎなかった。中国はまた、旅順港をふくむ遼東半島、台湾、および若干のほかの諸島の割譲を迫られた。小さな日本にたいする、この中国の惨敗は、世界をおどろかせた。西洋列強が、極東におけるこの強国の台頭をよろこんだはずはない。中日戦争［日清戦争］のさいちゅうから、列国は日本が、中国本土のいかなる港湾を併合することにも同意しないと警告していた。

この警告にもかかわらず、日本は重要な港湾である旅順港をふくむ遼東半島を奪取した。

しかし、日本はついにそれを保持しきることができなかった。ロシア、ドイツおよびフランスの三大国は、日本にたいしてその放棄を主張した。日本はひじょうないらだちと怨恨をいだきながら、これにしたがわなければならなかった。日本はまだ、これらの三国を相手にするのにじゅうぶんなほどの力は、もちあわせていなかったのだ。しかし日本は、この侮辱をわすれなかった。これは日本に臥薪嘗胆《がしんしょうたん》、いっそう大きな闘争の準備をさせる原因となった。九年後に、ロシアを相手とする闘争はやってきた。

（四―一七〇）

この一九世紀の日本と中国の違った歴史の過程について、ネルーはなぜ両国の歩みが違ったのか、日本は成功したように見えるが、はたしてそうなのか、日本にはどんな問題が残ったのか、興味ある指摘をしています。

私たち日本人が、今日、なお考えなければならない問題提起として、ネルーの観察を紹介しておきます。

この十九世紀の後半における中国と、日本の対照はきわだっている。日本は急速に西洋化した。中国は、すでにわれわれがみたように、そしてこれからもさらにみるだろうが、極度の苦境におちこんだ。どういうわけで、こういうことになったのか？　中国の広大さ、そのぼうだいな人口と、面積が、変化をさまたげたのだ。インドもやはり、このみせかけだけの力強さの源泉——巨大な面積と、人口——になやまされた。中国の政治も、あまり中央集権化されていなかった。つまり国のなかの各地方が、広範な自治権をもっていた。中国の政府にとっては、干渉して大変革をなしとげることは、日本のばあいのように容易ではなかった。さらにまた中国の偉大な文明は、数千年来成長をとげ、たやすく分解するには、あまりに固く凝結していた。この点でも、中国はインドに似ている。いっぽう、中国文明を借用した日本は、それだけ容易に、それをとりかえることができた。

中国の災難のもうひとつの理由は、ひっきりなしのヨーロッパ諸国の干渉であった。中国は巨大な大陸国であった。島国日本のように、門戸を閉めきってしまうことはできなかった。ロシアは北方と西北方に境を接していた。イギリスは西南にあり、フランスは南方から潜入しつつあった。これらのヨーロッパ諸国は中国から重要な特権をうばい、大きな商業上の利益を発達させていた。これらの権益は、かれらにとって好都合な干渉の口実になった。

このように、中国が盲目的にあがき、こころみ、そしてなんの成果をあげられないでいるあいだに、日本は新情勢に適応する道を突進した。しかも、さらに注目すべき事実が、べつに存在する。日本は西洋の機械と、工業を、陸海軍とともにとり入れ、進歩した工業国の外貌をみせた。しかし日本は、それほど順調にヨーロッパの新しい思想や観念、つまり個人的・社会的自由の意識や、生活や、社会についての科学的な見通しまでも、とり入れたわけではない。心情のうえでは、日本は、いぜんとして封建的であり、権威主義的であり、その他の世界がとっくのむかしに脱出してしまった、奇妙な天皇崇拝にしばりつけられていた。日本人の情熱的で没我的な愛国意識は、この天皇への忠誠心とふかくつながっている。民族主義と、天皇神聖視の慣習が並立しているのだ。いっぽう中国は、すらすらと機械や、工業を飲みこみはしなかった。しかし中国人は、とにもかくにも近代中国人は、西洋思想と、科学的世界観を歓迎した。

これらのものは、かれら自身の流儀と、それほどへだたったものではない。してみれば、中国人がいっそう西洋文明の精神に没入し、日本人は、その精神を無視して、そのよろいだけをまとったために、かえって西洋文明をとりにがしたのだということがわかる。全ヨーロッパは、そのよろいのりっぱさゆえに日本をほめたたえ、かれらの仲間の一員としてむかえ入れた。しかし中国は弱く、マキシム銃その他に恵まれていなかった。そのため、ヨーロッパは中国をあなどり、中国にのしかかり、中国に説教し、中国を搾取し、その思想や、観念については、なんら注目しなかったのだ。(四―一六七〜一六八)

ネルーが「日本のばく進」と題した、日清戦争までの日本の様子と日清戦争後の列強の中国への侵略のありさまを書いたのが、一九三二年一二月二七日でした。それに続いて翌々日の二九日に「一一七　日本の勝利」と題する義和団鎮圧戦争をめぐる東アジアの状況を娘に書き送りました。獄中で連日、二〇世紀初頭の東アジアの状況を書いていたのです。

父親のネルーについで後にインドの首相になる娘のインディラは、一九一七年の生まれです。このネルーの手紙を受け取っていたのは一五歳ごろです。どうして東アジアの戦争について連日のように父から手紙が来るのか、なぜ戦争の話がつづくのか、疑問をもっているかもしれない娘に、ネルーはこの一二月二九日の手紙の冒頭で、つぎのように書いています。

わたしは極東について書いてきたが、きょうもそれをつづけることにしよう。わたしが戦争のことばかり語り、いたずらに過去の論議に時をついやしているのを、おまえはふしぎに思うかもしれない。それはあまり気持ちのよい話でもなく、また、いまではもうとっくに過ぎさったむかしのことだ。わたしはそれをことさら強調したくはない。けれども、いま極東で起こりつつあることは、多くはこの紛争のなかに根をおろしているので、現在の問題を理解するにはどうしても、それについての知識がいくらか必要なのだ。いまこうして書いているあいだにも、日本の満州征服にかんして、はげしい議論がかわされている。（四―一七三）

一九三二年（昭和七）といえば、前年はじまった日本の中国東北（満州）への軍事侵略（満州事変）により中国東北の三つの省を日本軍が占領し、この一九三二年の三月一日には、「満州国」の建国が宣言された年でした。

この日本の満州占領に対して、国際連盟がリットン調査団の報告書＝満州事変は日本の侵略行為であり、「満州国」も満州人の自発的独立運動にあらず、とした報告書を日本に通告したのが一九三二年の一〇月でした。

ネルーはこの東アジアに現在（一九三二年当時）起こっている問題は、一九世紀末から二〇世紀初頭の日清戦争や日露戦争の時期の問題と切り離すことはできない、「いま極東で起こりつつあることは、多くはこの紛争のなかに根をおろしている」ので、どうしても一九世紀末から二〇世紀初頭の極東の問題を理解していないと、いま（一九三二年当時）満州で起こっている問題を理解することはできないのだ、とこの一連の極東の四〇～三〇年前の戦争のことを理解するように娘にあいついで手紙を書いていたのです。

日本では、いまでも満州事変を日清戦争や日露戦争と関連させて、そのつながりのなかで説く議論はほとんどありません。反対に、「明治は栄光の時代、満州事変から敗戦にいたる昭和の前半は、明治への裏切り、背信の時代だったのだ」という主張が大勢を占めているのです。

その日本での現在の歴史認識、政治的・思想的状況にくらべて、ネルーのこの手紙はきわめて適切な指摘だと私は思います。

ネルーは日露戦争で日本がロシアに勝ったことの歴史的意味を、つぎのように書いています。

かくて日本は勝ち、大国の列にくわわる望みをとげた。アジアの一国である日本の勝利は、アジアのすべての国ぐにに大きな影響をあたえた。わたしは少年時代、どんなにそれに感激したかを、おまえによく話したことがあったものだ。たくさんのアジアの少年、少女、そしておとなが、おなじ感激を経験した。ヨーロッパの一大強国はやぶれた。だとすればアジアは、そのむかし、しばしばそういうことがあったように、いまでもヨーロッパを打ち破ることもできるはずだ。ナショナリズムはいっそう急速に東方諸国にひろがり、「アジア人のアジア」の叫びが起こった。しかしこのナショナリズムはたんなる復古でも、旧い習慣や、信仰への固執でもない。日本の勝利は、西洋の新産業方式の採用のおかげだとされている。この、いわゆる西洋の観念と方法は、このようにして、いっそう全東洋の関心をあつめることになった。（四―一八二）

以上を読めば、日本人としては思わず手をたたきたくなりそうです。しかし、ネルーはこう書いたのに続けて（一九三二年一二月三〇日の手紙）、「一一八　中華民国」の冒頭にこう書きました。

日本のロシアにたいする勝利がどれほどアジアの諸国民をよろこばせ、こおどりさせたか、われわれは見た。ところが、その直後の成果は、少数の侵略的帝国主義諸国のグループに、もう一国をつけ加えたというにすぎなかった。

そのにがい結果を、まず最初になめたのは、朝鮮であった。日本の勃興は、朝鮮の没落を意味した。日本は開国の当初から、すでに朝鮮と、満州の一部を、自己の勢力範囲として目をつけていた。もちろん、日本はくりかえして中国の領土保全と、朝鮮の独立の尊重を宣言した。

帝国主義というものは、相手の持ちものをはぎとりながら、平気で善意の保証をしたり、人殺しをしながら生命の尊厳を公言したりするやり方の常習者なのだ。だから日本も、朝鮮にたいして干渉しないと、もののしく宣言した口の下から、むかしながらの朝鮮領有の政策をおしすすめた。対中国戦争も、対ロシア戦争も、朝鮮と満州を焦点とする戦争だった。日本は一歩一歩地歩を固め、中国が排除され、ロシアが敗北したいまでは、あたかも無人の野を行く観があった。

日本は帝国として政策を遂行するにあたって、まったく恥を知らなかった。日本はヴェールでつつんでごまかすこともせずに、大っぴらに漁《あさ》りまわった。……

（四―一八一～一八二）

III

頽廃する明治

——戦史の偽造／偏見の増幅／狡知の馴れ

日清戦争・日露戦争に勝ち、朝鮮を日本の植民地にし、他方、日英同盟に象徴されるように世界の帝国主義列強、五大国の一つに数えられるようになった日本。

しかし、この「日本帝国」は、同時に自国の歴史を事実にもとづいて記録することをあえてしない国になりました。しかも、日清戦争・日露戦争の勝利に煽《あお》られて、「神権天皇制」は制度的にも思想的にもこの国でいっそう強められました。

このような「日本帝国」では、日本人の「歴史や世界の動きを見る目」を曇らせ、盲目化する道が進みます。日本の公権力を行使している官僚（役人）や軍人たちも世界の動向を客観的に見る目を失っていきます。

それは一九四五年の「日本帝国の大破綻」につながる大きな原因になったはずのものです。しかし、一九四五年の大破綻にもかかわらず、「明治」が生み出したこうした問題について正面から向き合う議論が、現在の日本にほとんどありません。

この章では、明治以後の日本の国の歴史のなかでもっとも重要な戦争の歴史＝戦史の偽造がどう進められたか、また日本の言論・思想の先導役をつとめた知識人の論調がどれほど頽廃していったか、また政治の指導者が現実の事態の推移からどう目を逸《そ》らしたのか、事実をあげて「明治の頽廃」を考えてみたいと思います。

1　軍部による「戦史」の偽造

まず、日清戦争・日露戦争という「明治の栄光」を実現した、その戦争の事実を、日本の軍部はどう記録して公表したのか、という問題について見てみましょう。

「宣戦の詔勅」に合わせて改竄《かいざん》・隠蔽された日清戦史

公刊されている日清戦争の戦史（日本の陸軍参謀本部が公刊した『明治廿七八年　日清戦史』全八巻、第一巻は一九〇四年三月一七日発行）では、第Ⅱ章で紹介しました朝鮮王宮占領の事実はどう記録されているのでしょうか。

たまたま龍山《ヨンサン》に駐屯していた日本軍が王宮の後ろの山に移動しようとして王宮のそばを通っていたら朝鮮兵士から撃たれたので、やむなく応戦し、王宮に入り朝鮮の兵士を王宮の外に追いだして、国王を保護したのだ、と書いていたのです。先に紹介した王宮占領後に大鳥公使が外務大臣あてに送った王宮占領の公電とほぼおなじ内容です（九六ページ参照）。

一般の日本人がこの朝鮮王宮占領について日本軍の公式の記録をはじめて読むことができたのは、この『明治廿七八年　日清戦史』の第一巻が刊行された一九〇四（明治三七）年になってのことです。

その公刊された『日清戦史』の記述は、先に見た福島県立図書館の佐藤文庫にある日清戦史の草案の記述や、東条英教の『隔壁聴談』の記述とも、全然違います。

草案の記述が書きなおされたのです。

だれが、いつ、何のために書きかえたのでしょうか。

五十嵐憲一郎さん（元、防衛庁戦史部勤務）による、〈史料紹介〉「日清戦史第一第二編進達ニ関シ部長会議ニ一言ス」（明治三十六年一月起　参謀本部　部長会議録　七月一日）（軍事史学会編集『軍事史学』通巻一四八号、二〇〇二年三月、錦正社）が発表されて、その改ざんの実態がはじめて明らかになりました。

防衛省防衛研究所図書館所蔵の史料に『秘　明治三十五年五月起　部長会議録　第壹号　佐官副官管』という冊子があります。現在は公開されています。簿冊の「請求記号」は［参謀本部雑　M35～19　135」です。

そのなかに、日清戦史の草案を書きなおすことを決めた参謀本部の部長会議の記録があります。原文のカタカナをひらがなにし、句読点をつけて紹介します（傍線は中塚）。

一　既成の第一種草按《そうあん》は、忌憚なく事実の真相を直筆し、陸軍用兵家の研究資料に供し、兼ねて軍事の素養なく東洋の地形事情に適せざるものをして、戦争の経過を了解せしむるを首とせり。

二　前項の主旨に因り、戦争の原因を叙するに当り、軍衙《ぐんが》は夙《つと》に兵力を以て事を決せんとし、内閣は故《ことさ》ら被動の地位に立ち勉《つとめ》て鋒矛《ほうぼう》を顕《あら》はさざらん事を期し、常に軍衙機先の措置を抑し、開戦の当初、我軍の行動をして至大の不利を蒙らしめんとせりと云ひ、一々例証を示し、若《も》しくは漢城を囲み韓廷を威嚇せし顛末《てんまつ》を詳叙し、以て不磨の快事なりとし、我軍牙山の空盧《くうろ》に対し鄭重に攻進したる事蹟を記して、暗に用兵の乱雑を叙し……（中略）……窃《ひそか》に出征将師の無謀を諷するの類多く、固《もと》より為に多少後者の戒《いましめ》たるべきものなしとせずと雖《いえど》も、内閣、大本営共に齊《ひと》しく叡旨《えいし》を奉する機関にして、尊俎《そんそ》の折衝、聖意を満す能《あた》はずして初て之を干戈《かんか》に訴ふるものなれば、開戦に於ける内部の異見を叙するが如きは、人をして、元首、文武を統一するの大権を疑はしめ、殊に宣戦の詔勅と矛盾するの嫌《きらい》あり。其他、結果を得ざりし行動、実行せざりし計画を批評するも、実際之を証明すべき正否利害の結果なく、徒《いたずら》に記事を冗長《じょうちょう》ならしむるに過ぎず。

三　改纂戦史に於ては、我政府常に平和と終始せんとせしも、清廷《しん》は我国の利権を顧みず、縦令《たとい》、干戈に血ぬるも敢えてその非望を達せんとし、彼先ず我に対し抗敵の行為を顕《あらわ》し、我をして遂に之に応ぜざるを得ざるに至らしめたるを発端とし、成果を見ざりし行動は勉《つと》めて之を省略し……（後略）

わかりやすく意訳もして今の言葉になおしてみましょう。（　）内は中塚の補注です。

一　できあがった第一種草案（参謀本部の日清戦争の草案は何回も書きなおしていますので、第一種というのはなにを指すわかりませんが、草案の最終的なものと推定されます。福島県立図書館の佐藤文庫にある「決定草案」がそれに当たるものと私は推定しています）は、思うところを遠慮することなく事実をそのまま書いていて、陸軍の軍隊を動かす部署の研究資料として提供し、あわせて軍事の素養がなく東洋の地形や事情に通じていないものに、戦争の経過を理解させるのを中心としている。

二　右のような考えで、戦争の原因を記述するにあたり、軍部はいつも兵力をもって事態を打開しようとするが、内閣はわざと受け身の立場にたって軍事力を使うのをほのめかさないようにつとめ、つねに軍部が機先を制するために軍事力を使おうとするのをおさえ、日清戦争の開戦の当初、日本軍の行動に大きな不利をこうむらせたと言い、いちいちその例を証拠として示し、または「漢城を囲み韓廷を威嚇せし顛末」をくわしく述べ、まったくもって永久に残る胸のすくようなできごとだったように書いたり、またわが軍が牙山に清国兵がもういないのに（空盧は人の住んでいない家のこと）まだいるかのように慎重に進軍した事蹟を書いて、暗に軍隊の動かし方が秩序だっていないことを記録し……（中略）……出征した指揮官の無謀を遠回しに批判したりする類の叙述が多く、もちろんそういうことを書いて多少後の教訓となるものがないとは言えないが、外交折衝をしている内閣も戦争を指導する大本営も、ともにひとしく天皇のお考えをうけたまわって動く機関であるから、尊俎《そんそ》の折衝（尊俎とは、元来、酒を入れる器と肴《さかな》をのせる机のことですが、そこから転じて、宴席での会見、さらに転じて、外交談判、国際間の交渉をあらわす言葉です）、外交交渉が天皇の意志を満たすことができなくなって、はじめて国際間の争いに武力を行使することになるのであるから、開戦にいたるまでの間の内閣と軍部との意見の違いを記述するようなことをすれば、世間の人間に、元首である天皇が政治も外交も軍事も統一して指揮しておられるその天皇の権限に疑問をもたせることになり、とりわけ宣戦の詔勅と矛盾する好ましくないことになりかねない。その他、結果のでなかった軍の行動や、実行しなかった軍の計画を批評しても、実際にこれを証明することができる正否の判断や利害の結果がないわけだから、いたずらに記事を長たらしくして無駄が多くなるに過ぎない。だからそんなことは書かないようにする。

三　改めて編纂しなおす戦史では、日本政府は終始、平和にことが収まるようにつとめたが、清国政府は日本の利益や権利をかえりみず、たとえ軍事力に訴えてでも彼らの野望を達成しようとして、彼、清国が、まず我、日本に対して敵対する行動に出て、我、日本はついにこの清国の敵対行動に応じざるを得なくなった、それが戦争の発端になったのだ、ということを書いて、成果を見ない行動はつとめて省略して……

これは一九〇三（明治三六）年七月一日開催の参謀本部の部長会議で、戦史編纂を担当していた第四部長の大島健一大佐の提案の一部です。原文中の二番目の傍線で示した部分、「漢城を囲み韓廷を威嚇せし顛末」というのは、いままで紹介してきた朝鮮王宮占領のことです。

つまり、「漢城を囲み韓廷を威嚇せし顛末」などを詳しく書いたのでは、「内閣、軍部を統一して指揮する」天皇の大権に疑問を持たせ、宣戦の詔勅と矛盾する疑いが生れる、こうした叙述は詳しくは書かず改めて編纂しなおし、そこではもっぱら清国（中国）が日本に敵対してきたので、日本はやむなく応ぜざるを得なくなって戦争になった、というように叙述する、というのが提案の主旨なのです。

事実をウソの話に書きかえる戦史編纂部長の提案なのです。その結果は、この提案を「各部長ハ異存ナク第四部長ニ一任スル事ニナレリ」と記録されています。

ただくわしく書いて長すぎたから簡略にするというのではありません。

書きかえる原則的な方針は、宣戦の詔勅に沿うように書きなおすということです。日本軍の戦争指導の最高機関である陸軍参謀本部が、事実を正確に伝えないで、ウソの話に書きかえて、それを「事実として」公表したのです。

ということは、「宣戦の詔勅」などというものは、日本の戦争目的の表むきの建て前が書かれていても戦争の実態とはかけはなれたものであることを、はしなくもこの大島部長の提案は語っています。

戦争の事実を書きかえ、つくりかえて隠し、ウソの話をあたかも事実であったかのようにして、国内外の多くの人たちが読む「公刊戦史」を明治日本の軍部は作り、政府もそれをそのまま受け入れたのです。

「日露戦史編纂綱領」という改竄・隠蔽の編集方針

福島県立図書館の佐藤文庫には、「日露戦史編纂綱領」という文書もあります。日露戦史の編纂にあたっては日清戦争のときとは違って、参謀本部はあらかじめ編纂方針を確立して編纂に当たりました。その文書です。

一部をご紹介しましょう。

日露戦史編纂の基本方針は「編纂を二期に分かち、第一期では正確に事実を書き史稿を作る」。第二期では「その全部にわたり分合増刪《ぞうさん》（添削して）、かつ機密事項を削除」して、「本然の戦史を修訂し、これを公刊するものとす」というのが日露戦史編纂の大原則です。

そして興味あるのが添削するときの基準です。つまり「書いてはならないこと、削除すべきことなどが箇条書きにして一五カ条が書かれている「日露戦史史稿審査ニ関スル注意」という文書が付属しています。

その一一条に「国際法違反又は外交に影響すべき恐ある記事は記述すべからず。」、理由「俘虜土人の虐待、もしくは中立侵害と誤られ得べきもの、又は当局の否認せる馬賊使用に関するなどの記事のごとき、往々物議をかもしやすくひいて累を国交に及ぼし、あるいは我が軍の価値を減少する恐れあるが故なり」とあります。

日露戦争をへて日本では公刊される戦史には、このように機密事項を削除、書かないことが原則になったのです。おおやけに市販されて誰でも読むことができる戦史には、ホントのことは書かない、そういうことが「神」である天皇が率《ひき》いる日本政府・軍隊の常態になったのです。

日本という国は、天皇の「名」でこの国がおこなった戦争の歴史には、本当のことは書かない、そんなしきたりを確立し、戦史を偽造することが当たり前になりました。そのやり方に馴れたのです。

日清戦争従軍日誌で明らかになった朝鮮人虐殺

日清戦争や日露戦争など明治の戦争の事実は、こうして隠されてきたのですが、一九四五年の日本帝国の崩壊以後、日本の民主化の一定の前進の結果、隠されていた事実が、部分的に明らかになってきました。

国立国会図書館をはじめ地方公共団体の図書館などで、資料蒐集と公開が進んだこと、言論・出版の自由が日本国憲法で保障され、決してそう多くはないにしても、近代史研究でも歴史研究者による史料の蒐集、それにもとづく研究成果の公表が進んだことがあげられます。

しかし、日本の朝鮮侵略について、その日本近代史上の意味を自覚して研究を進めるという空気は歴史学界でも歴史教育の分野でもきわめて不十分です。山辺健太郎（一九〇五～七七）のような日本の朝鮮侵略史研究の先駆者はいました（中塚明『歴史家山辺健太郎と現代』二〇一五年、高文研、参照）が、「明治の栄光」という空気が日本の学術文化の世界でもひろく横行していて、日本近代史の基礎的な事実を具体的な史料にもとづいて究明し、日本の朝鮮侵略の実態を明らかにしようとする研究は歴史学界でもきわめて弱いのです。

そんな状況のなかで、Ⅱ章（一三三～一三七ページ参照）で紹介した一九九五（平成七）年の北海道大学文学部での「東学党首魁の頭骨」の発見は、日清戦争当時における日本軍による東学農民軍の鎮圧作戦の研究にも画期的な進展の契機になりました。

その道を切り開いたのは、前にも書いたように、当時、北海道大学文学部の教授であり、現在、名誉教授である井上勝生さんです。

ここで、とくに読者に紹介したいのは、東学農民の鎮圧に当たった日本軍兵士の従軍日誌が、井上さんの調査のなかで明らかにされたことです。

井上さんは、東学農民軍の鎮圧部隊として派遣された後備歩兵第一九大隊が四国四県出身の後備兵で編成されていたことをつきとめ、四国四県を歩いて現地の図書館などで集中的に調査を進めるとともに、その土地の歴史研究者の協力も得ながら、後備歩兵第一九大隊の東学農民軍の鎮圧の実態を明らかにされてきたのです。

とりわけ東学農民軍の鎮圧戦争のなかで、日本軍部隊でただ一人戦死した兵士が出た徳島県の調査をつづけるなかで、朝鮮に派遣された兵士の従軍日誌と出会うという画期的な体験をされました。

その従軍日誌は、地元の歴史研究者の協力で、所蔵者の了解も得て、このほど京都大学人文科学研究所の紀要『人文学報』（一一一号、二〇一八年三月）に全文が収録され、公開されました。「東学党討伐隊兵士の従軍日誌―「日清交戦従軍日誌」徳島県阿波郡―」がそれです。

日本の近代史上、従軍した兵士が、自分の参加した従軍の記録を日誌の形で記録した例は、昭和の戦争では紹介される例もありますが、明治の戦争ではきわめてめずらしいのではないでしょうか。貴重なものです。

この日誌が事実を伝えているか、自分の手柄話のように誇大に記録していないか、史料として批判に耐え得るものかどうか、井上勝生さんは幕末・維新の研究者として身につけられた史料批判の手法（手続き）をこの記録についてもおこないました。

そしてこの東学農民の鎮圧の記録が事実を伝えるうえで、その記述内容が信用できるものであることを、四国や韓国の現地を歩いてたしかめる研究もされ、その史料批判の井上さんの論文、「東学農民戦争、抗日蜂起と殲滅作戦の史実を探求して―韓国中央山岳地帯を中心に―」も、おなじ『人文学報』に掲載されています。

目をそむけたくなるほどむごたらしい日本軍による東学農民の鎮圧の記録は、読むのにも苦痛をともなうほどですが、いまを生きている日本人から見てもそう遠くない世代の日本人が、隣国、朝鮮でおこなった事実であることを自覚しながら、ぜひお読みいただきたいと思います。『人文学報』はインターネット上で、PDFで全世界に公開されている雑誌です。だれでも読むことができます。

ここではこの従軍日誌のなかで、とくに皆さんの注意を喚起したい一節を紹介したいと思います。

それは、一八九五（明治二八）年一月末の日記に書かれていることです。韓国の西南地域にまで東学農民を追い詰めて、文字どおり皆殺し作戦の最後をくりひろげていた時期の記述です。この日記を書いていた兵士の分隊も海南《ヘナン》（現在、全羅南道の都市）に滞在していました。「雪降リ、三尺余モ積メリ」（一月二六日）という極寒の季節のことです。

同　三十日　海南ニ滞在

同　三十一日　同所滞在、但シ本日、東徒ノ残者七名ヲ捕エ来リ、是《これ》ヲ城外ノ畑中ニ一列ニ並べ、銃ニ剱ヲ着ケ、森田近道一等軍曹ノ号令ニテ一斉ノ動作、之ヲ突キ殺セリ、見物セ

シ韓人及統営兵等、驚愕最モ甚シ

「統営兵」とは、日本軍の指揮下にあって東学農民の鎮圧にあたっていた朝鮮政府軍の兵士たちです。彼らや普通の朝鮮人の見守るなかでの惨劇です。

こうした例は満州事変以後、中国との昭和の戦争では、珍しいことではありませんでしたが、それは「昭和の戦争」で突然起こったことではなかったのです。日清戦争のときから、朝鮮の抗日闘争を鎮圧するなかで、日本軍が実行していたのです。この「蛮行の伝統」が「栄光の明治」といわれる「明治の戦争」ですでに実践されていたことを、この従軍日誌は示しています。

事実を隠す日本軍編纂の『日清戦史』と『靖国神社忠魂史』

国事に殉じた者の霊を祀るとされる「靖国神社」は『靖国神社忠魂史』という本を出しています（一九三三〜三五、昭和八〜一〇年、全五巻）。戦死した戦闘の概況を書いた前文の後に、祀られている人の所属師団・現役・予備役・後備役の別、所属連隊・大隊・中隊、戦死した年月日、戦死した場所、階級、氏名、出身府県――これが一人ひとり書かれている詳細な書物です。

ところで、日清戦争のさなか、東学農民を主力とする朝鮮の抗日闘争を鎮圧する任務に従事していた日本軍は公州《コンジュ》（忠清道）のすぐ南方、牛金峙《ウグムチ》と呼ばれる峠一帯で農民軍を迎え討ち、公州から北への農民軍の進出を阻止しようとしていました。

一八九四（明治二七）年一二月初旬、ここでの激戦の末、農民軍の北上を阻止するのですが、その勝敗をわけたのがこの牛金峙の戦いといわれています。

しかし、東学農民軍の抗日の戦いはなお続きます。一八九四（明治二七）年一二月九日、日本陸軍の後備歩兵第一九大隊の本部中隊（大隊本部が第三中隊とともに移動）が牛金峙の南方、連山《ヨンサン》に到着しました。その部隊が駐屯した連山の役所の門が現存しています。

従来は牛金峙の戦い以後、東学農民軍は四散して、抗日の戦いもそこまでと考えられていましたが、その後も日本軍と東学農民軍の激戦があったことが近年の研究でだんだんわかってきました。

東学農民を鎮圧するために派遣された後備歩兵独立第一九大隊のなかで、唯一の戦死者を出したのが、一八九四（明治二七）年一二月一〇日に忠清道の連山面（連山は、現在、大田広域市の西方にある街）での連山の戦いでした。

連山を囲む山々に布陣していた東学農民軍に、日本軍の大隊本部が包囲され、日本軍と激戦になったのです。

この連山の戦いで、杉野虎吉という日本軍の兵士が戦死しました。近代的な武器で武装してい

日本軍の後備歩兵第19大隊の本部中隊（第三中隊）が駐屯した連山の役所の門

た日本軍に対して東学農民軍はほとんど竹槍で武装、日本軍に圧倒されるのがこの東学農民軍を鎮圧した戦闘の普通の光景でした。

しかし、東学農民軍のなかにも小銃をもっている兵士もいたのですね。この連山の戦いで徳島県出身の杉野上等兵がその農民軍の持っていた小銃に撃たれて亡くなったのです。

『徳島日日新聞』の「明治二八年一月一六日」の第四面には、杉野虎吉の戦死の記事、小隊長水原熊三中尉の遺族に寄せた手紙の全文も掲載されています。

ところが、『靖国神社忠魂史』には、杉野虎吉の戦死が「連山の戦い」ではなく「成歓の戦闘」での戦死者一覧の最後から二番目に「五師後歩独一九大三中　明二七、七、二九　成歓　上兵　杉野

〃 一卒 井上一之丈 岡山
〃 一卒 鎌倉 岩吉 廣島
〃 一卒 白神源次郎 岡山
〃 一卒 瀬政治三郎 同
〃 一卒 早水 粂市 島根
〃 一卒 三迫千代吉 廣島
〃 二卒 藏田千代藏 同
〃 二卒 佐藤辨次郎 島根
〃 二卒 柳本仁三郎 廣島
〃 二卒 山本吉太郎 島根
同 明二七、八、八
萬里倉兵站病 一卒 柏原 治助 島根
五師歩二一聯三大一〇中 明二七、七、二九
成歡 一卒 岩田 太市 島根
〃 一卒 松藥熏太郎 廣島

〃 五師歩二一聯三大一二中 二卒 竹内多三郎 岡山
同日
成歡 大尉 松崎 直臣 熊本
〃 一卒 今川六三郎 廣島
〃 一卒 寺田 周平 岡山
〃 二卒 氏川浪次郎 同
〃 二卒 木口 小平 同
〃 二卒 西 嘉作 同
同 明二七、七、三一
水原野病 一卒 藤之原榮之助 廣島
五師後歩獨一九大三中 明二七、七、二九
成歡 上兵 杉野 虎吉 徳島
五師衛生隊 同日
成歡 一卒 田村 太七 廣島

第五節 兩國の宣戰及びその作戰計畫の大要

兩國の宣戰

わが政府は勉めて平和手段により、永く韓國禍亂の根源を絶たんとし、當時清廷がわが提議を却けて旺んに戰意を仄かしたにも拘はらず、屢々意見を披いて外國の調停を容れ、最後まで平和を望んで彼れの反省を待つた。然るにその行動はわが企望に反して警告を用ゐず、故ら大兵を韓土に送つて對敵行爲を露骨にし、遂にわが軍艦を要擊するなど到底平和裡にわが國權の保全を期することは出來なかつた。こゝに帝國憲法の條規と萬國公法の

日付や戦場がすり替えられて杉野上等兵の「戦死」が伝えられている『靖国神社忠魂史』（第一巻）

虎吉　徳島」と記載されています。

「第五師団後備歩兵独立第一九大隊第三中隊　上等兵　杉野虎吉」という徳島県出身の上等兵は、「明治二七年七月二九日、成歓の戦いで死んだ」ことになっているのです。

「成歓の戦い」とは、日清戦争での日本陸軍が交戦した清国軍との最初の陸上での戦闘です。「牙山の戦闘」ともいわれます。さらに杉野上等兵が死んだとされる「七月二九日」と言えば、杉野虎吉らは、後備兵の召集令状を受け取り、徳島から集結地の松山に向かっている、そのときです。

こういうデタラメな書きかえを『靖国神社忠魂史』はしているのです。

なぜ、こんな書きかえがおこなわれたのでしょうか。

それは日本陸軍の公式の日清戦史、『明治二十七八年日清戦史』（以下、『日清戦史』と略称する）から、この東学農民軍の凄惨な鎮圧の記録が消されたことによるからです。

井上勝生さんの『明治日本の植民地支配』には、なぜこのような歴史の書きかえ、隠滅がおこなわれたのか、的確な指摘があります（同書、第四章、東学農民戦争と日本人、二一　伏せられた東学農民軍殲滅作戦の事実　二一七～二二四ページ）。

その最後の部分を、だいぶ長くなりますが紹介しておきます。


　この『日清戦史　第八巻』が刊行されたのは、一九〇七年一〇月、第二次日韓協約、保護条約調印の翌々年であった。日本は朝鮮を強制的に保護国にした。朝鮮の反日義兵戦争が高揚したのは、一九〇六年からで、とくに朝鮮南部では激しかった。統監府は、朝鮮に親日政権を組織することに努めていた。そのために、一八九四、五年の抗日東学農民軍に対する大弾圧の歴史は、日本にとって不都合だったのである。

　「兵站」（『日清戦史　第八巻』の第四三章「兵站」―中塚）で、大枠だけが素描された討伐作戦の記述を注意深く見ると、参謀本部がとくに削除しなければならないと考えたのが、討伐作戦のどのような部分であるのか、その部分が浮かび上がってくる。

先にも一部を紹介したが、討滅作戦の概略は、動員された大隊、中隊の行動の大枠を比較的正確に記述していた。とくに注意されるのは、現在の研究書でも無視されがちな、ソウルより北の黄海道の一一月下旬から翌年四月に至る東学農民軍の蜂起と後備第六聯隊などによる討滅を記述しているところである。この記述が示しているように、作戦実施の当事者である参謀本部は、もちろん日本軍の東学農民軍殲滅作戦の全体像を把握していたのである。全体像を把握した上で、作戦素描から削除された部分がある。

殲滅作戦最終段階の箇所である。後備第一九大隊が、「〔一二月〕三十一日より羅州（現、全羅南道の都市―中塚）に向い運動し、二十八年一月上旬全く羅州地方を平定し、ついで二月上旬、龍山に帰還」せよとの命令に従って帰還したと記述されている部分である。

「一月上旬全く羅州地方を平定」という記述は、明確なまちがいである。日本軍は、一八九五年一月上旬（五日）に羅州へ入って、それからまさに一カ月間、二月上旬（五日）まで、羅州《ナジュ》に後備第一九大隊の本部を設置して、南大隊長指揮下の三中隊と釜山からの後備第一〇聯隊第四中隊、この四つの中隊を作戦実施中心部隊として、一〇〇〇名以上の兵力で長興、康津、海南、珍島《チンド》へと羅州平野南部と珍島で、「多く殺すの策」「捕らえるに従って殺し」、凄惨極まる掃討作戦を展開した。羅州平野と珍島での、この大規模な、一月五日から二月五日までちょうど一カ月展開した討滅作戦が、概略から姿を消している。

この討滅作戦の犠牲者は、その後の植民地時代の義兵闘争や三・一独立運動の犠牲者をしのいでいた。概略が隠滅した要因は、この最後の一カ月の掃討作戦の、徹底した凄惨さにある。作戦では、日本軍は直接大量殺戮に手を下した。作戦は、いかに弁解されようとも、不法、非道なものであった。そのために、『日清戦史』「日清戦暦」作成の際に、三路包囲討伐作戦の最終段階だけではなく、東学農民軍討伐作戦全体が削除されたのである。

「日清戦暦」から討伐作戦全体が削除され、その後も殲滅作戦は存在しなかったことにされた。そうすれば、東学農民軍討伐作戦も、連山の戦いの戦死者も、存在してはならないのである。こうして、その後一九三五年刊行の『靖国神社忠魂史　一巻』で、東学農民軍討伐作戦の戦死者杉野虎吉は、連山の戦いとは無関係な、成歓の戦いの戦死者に改竄されたのである。

「日清戦暦」は、(『日清戦史』)全八巻の付録としてつけられている。年表の三三〇の各事項は、「年月日」「戦闘名その他」「参与兵力」の順に記され、一番下には「本書の巻頁」となって、巻数と頁が「一の九六」のようにすべて記されている。「日清戦暦」は『日清戦史』の日本軍戦暦、総索引でもあった。この年表から作戦記事のすべてを削除したのであれば、参謀本部は、「兵站」のところでも、この東学農民軍殲滅作戦の概略をもすべて削除すべきであったのである。今、私たちは、参謀本部が、二大隊・二聯隊が中心となった東学農民軍殲滅作戦を「兵站」で簡潔に概略を示しながら、つまり作戦の大枠は把握していながら、総索引の「日清戦暦」からすべて削除した、つまり隠蔽したことを、明確に了解することができる。遺族が刻んだ忠魂碑を見れば、陸海軍省と靖国神社が一方的に歴史的事実を改鼠したことが分かる。これは、『靖国神社忠魂史』による、戦死者に対する冒涜であろう。

日清戦争で、現役兵の戦いの背後で、朝鮮ほぼ全土で軍事力の圧倒的に劣勢だった数十万の東学農民軍が、日本軍に対して命がけで蜂起し、その日本軍の討滅作戦によって数万の東学農民軍の戦死者、数十万の死傷者が出た。命がけの武力蜂起を支える地域農民を含めれば、数百万名の一斉蜂起なのである。日清戦争の歴史を編纂するのであれば、この事実こそ、陸軍参謀本部自身が正確に客観的に記述して再検証しなければならない事柄であったはずである。日本の政府と軍部は、その機会を逸した。その「つけ」は計り知れないほど大きかった。現在においても、朝鮮での日本軍の活動について、まったく叙述しない日清戦争の概説書や研究書の戦史を見ると、その点の認識が改まっているとは到底言えないのである。

2　朝鮮への偏見の増幅――旗を振った知識人

日清戦争・日露戦争で、日本が列強と肩を並べ世界の五大国の一つとなって国際的に急上昇するとそれを正当化する言論が力を増してきます。その際、日本では同時並行的に朝鮮を蔑視する論調が力を得ます。

朝鮮への偏見・蔑視の主張は、征韓論などとともに古くからありました。前に見た『古事記』や『日本書紀』の「三韓征伐」の説話なども、偏見・蔑視のあらわれといってよいでしょう。明治になっても、たとえば福沢諭吉は一八八二（明治一五）年に、「朝鮮の交際を論ず」という文章で、つぎのように述べています。

彼（朝鮮）の国勢はたして未開ならば、これを誘うてこれを導くべし。彼の人民はたして頑陋《がんろう》（かたくなでいやしい）ならば、これに諭してこれに説くべし。……彼の国人心の穏やかならざる時にあたりて、我が武威を示してその人心を圧倒し、我が日本の国力をもって隣国の文明を助け進むるは、両国交際のゆきがかりにして、今日にありてはあたかも我が日本の責任というべきものなり。(『福沢諭吉選集』第七巻、岩波書店、一九八一年。なお、福沢の朝鮮をはじめとするアジア認識については、安川寿之輔『福沢諭吉のアジア認識』、高文研、二〇〇〇年、参照)

しかし、朝鮮の停滞論・落伍論などが、世間でひろく言われるようになるのは、日清戦争から日露戦争の前後にかけてのころからです。

つぎに、日本の代表的な知識人がどんなことを言ったのか、その特徴的な主張を、簡単に紹介しておきましょう。

経済学者——福田徳三

福田徳三(一八七四~一九三〇)は、明治・大正時代の経済学者です。東京高商(現在の一橋大学)の出身で母校の先生となり若くしてドイツに留学、新進気鋭の経済史研究者として名をあげました。大正時代には吉野作造などと大正デモクラシー運動の指導者としても知られています。

その福田が、一九〇二（明治三五）年の夏、韓国旅行をし、その見聞と資料をもとにして、一九〇三年、「韓国の経済組織と経済単位」という論文を書きました。「朝鮮停滞論」のイメージをつくりあげるのに決定的な役割をはたした論文です。

彼にはすでに『日本経済史論』という著作があり、西洋の歴史を基準にして、日本は西洋と同じような歴史を持っている、だから日本の将来は西洋の資本主義国と同じように発展することが期待できると主張していました。

それにくらべて朝鮮には、西洋の近代社会を生み出した封建制度がない、朝鮮の実情は封建制度成立以前のきわめて幼稚な社会で、自主的な近代的発展は望めない、日本には朝鮮の近代化を進める使命があるのだと説きました（旗田巍『日本人の朝鮮観』、勁草書房、一九六九年、参照）。

明治の美術行政家・思想家——岡倉天心

岡倉天心（一八六二〜一九一三）は東京帝国大学の出身、在学中にお雇い外国人として哲学や社会学の講義をしていたアメリカ人、フェノロサの影響を受け、日本の古美術の保存で大きな業績をのこした人として、現在でもひろく知られています。明治を代表する知識人です。

彼は日露戦争のとき、当時、ドイツなどで大きくなった「黄禍論」、わかりやすく言えば「日本警戒論」に対して、日本は平和主義の国だ、ということを英文で書いて、『日本の目覚め』と題して一九〇四年、ニューヨークで出版しました。いま岩波文庫で読めます。

「最終章　一〇「日本と平和」」で、つぎのように書いています。要約して紹介します。

日本は本来、海国民であったが、儒教、仏教の影響で自制的な国になっている。八世紀朝鮮に対する古来の統治権を放棄した事実によって、……国民的自覚の一部となっていた。……朝鮮半島は多分本来は有史以前の時代わが国人が植民していた所であろう。……我が皇祖（天皇の先祖とされる天照大神）の御弟、素盞鳴尊《すさのおのみこと》が朝鮮に移住、朝鮮第一代の王檀君《だんくん》は素盞鳴尊の御子と考えている歴史家もいる。……三世紀神功皇后が我が統治権を確立するため、半島征伐を進め給《たも》うた。日本の歴史は八世紀まで朝鮮を植民地として保護していたことを物語る記録に満ちている……

日本古代美術史の第一人者として有名な岡倉天心の主張が、日本の内外に大きな影響をあたえたことはいうまでもありません。

「日本帝国」第一級の国際人・教育者・思想家――新渡戸稲造

現在、五千円札の顔は樋口一葉ですが、その前はこの新渡戸《にとべ》稲造《いなぞう》（一八六二～一九三三）でした。国際連盟事務次長も務め日本帝国の時代、第一級の国際人といわれた教育者・思想家です。北海道帝国大学の前身、札幌農学校を卒業し、東京帝国大学文学部でも学び、アメリカやドイツなどにも留学、札幌農学校や京都帝国大学の教授をへて第一高等学校（現在の東京大学教養部の前身）の校長、一九一九（大正八）年から二六年まで国際連盟の事務次長などを歴任したという輝かしい経歴の持ち主です。

新渡戸は一九〇六（明治三九）年の秋には、新設された朝鮮統監府の嘱託をうけ、朝鮮の地を踏むことになります。そのとき、二つの旅行記を書いています。

一つは、京畿道水原において書いた「亡国」、もう一つは、全羅北道全州で書いた「枯死国朝鮮」です（『新渡戸稲造全集』第五巻、八〇～八二ページ）。

「枯死国朝鮮」（枯れて死んでしまった国、朝鮮）という文章の一部を紹介し、その文章をわかりやすく解説しておきます。

まず冒頭の書き出しです。

朝鮮の衰亡の罪を帰すべき所は、其国の気候にもあらず、またその土壌にもあらず。……凡《すべ》ての罪悪は彼によりて生ず。

朝鮮が衰亡した原因は、この国の気候のせいでもない。またその土壌が悪いというわけでもない。朝鮮衰亡の罪となるべき原因は、すべては朝鮮人そのものにあるのだ、というのです。そして続けます。

その生活や……予は千年の古《いにし》へ、神代《かみよ》の昔に還《かえ》りて生活するが如きの感をなす。打見る、多くの顔は神の姿かと誤たるるばかりに、恬淡《てんたん》、荘厳、端正なり。されどごうも表相なし、この国民の相貌《そうぼう》と云い、生活の状態と云い、すこぶる温和、樸野《ぼくや》かつ原始的にして、彼等は第二十世紀、はた第十世紀の民に非らず、否な第一世紀の民にだもあらずして、彼等は有史前紀に属するものなり。……

……かく死と密接せる国民は、自らすでに半ば以上死せるものなり。

この人民には……さりとて原始的人民の精力あるを示さず。……新爽なる古事記に現われたる如き、野性的気塊を想起せしめず。

韓人生活の習風は、死の習風なり。彼等は民族的生活の期限をおわりつつあり。彼等が国民的生活の進路は殆ど過ぎたり。死はすなわちこの半島を支配す。

朝鮮人の生活を見ていると、神代の昔の生活のようだ。人びとの顔も神の姿と見まちがえるばかりである。顔つきも、無欲、おごそか、そして整っていて見事である。しかし少しも表情がない。顔つきも生活状態も温和で、かざりけがなく、自然のまま、つまり原始的である。……かといって、原始時代の人間のように心身に活力がみなぎる野性的なところがない。

要するに、死相をおびていて、この民族はその生活期限が終わっていて、死が朝鮮を支配している――というのです。

全羅北道全州に行ったときに書いたということにも注目しておきたいところです。全羅北道・全羅南道は韓国のなかでもっとも生産力の高い「湖南平野」の地域です。すでにこの本でも書いたところですが、その生産力の高さに目をつけた悪徳官吏や日本の米商人の収奪に抗議して、東学農民が決起したところです。

とりわけ全州は、朝鮮王朝（李氏朝鮮）の発祥の土地であり、その全州が東学農民軍に占領され、それが日清両国の出兵をまねき日清戦争になったところです。

また、日清戦争中に日本軍が抗日に決起した東学農民軍を追いつめ皆殺しにしたのが全羅道でした。それは新渡戸稲造がここを訪問したわずか一〇年ちょっと前のできごとでした。そのことを新渡戸稲造が知らなかったはずはない、と私は思います。知っていて、あえて朝鮮人の無気力・無活力を強調し、この朝鮮を救うのは日本だ、ということを主張したのがこの「枯死国朝鮮」という文章の意図でしょう。

歴史学者・歴史教育者——喜田貞吉

喜田貞吉《きださだきち》（一八七一〜一九三九）は東京帝国大学の出身、一八九九（明治三二）年日本歴史地理研究会を組織、雑誌『歴史地理』を創刊、文部省に入って国史教科書の編纂にあたった歴史学者。韓国併合に合わせるように『韓国の併合と国史』（三省堂書店、一九一〇年一一月一日発行）と題する著作を出版、雑誌『歴史地理』も一九一〇（明治四三）年一一月、韓国併合を記念する「臨時増刊号」を出版、そこには単行本の論旨を要約した「韓国併合と教育家の覚悟」を載せています。

喜田が「韓国併合」の直後、もっとも言いたかったことは、『韓国の併合と国史』の巻頭論文「韓国の併合と国史」の「第十章　結論」の冒頭に書かれたつぎの文章にあったようです。

韓国併合は実に日韓の関係が太古の状態に復帰したものである。

喜田はこう言うことによって、日本神話の物語を歴史的な事実であるかのように描き、太古から朝鮮は日本の「天皇の祖先」が支配していたと言い、つぎのように述べて、韓国併合を正当化したのです。

その後、「疎遠になった朝鮮は貧弱な分家」となり、「これがために彼方《あなた》からは脅かされ、此方《こなた》から虐《いぢめ》られ、憐《あわれ》むべき兄弟は、彼方、此方の鼻息をのみをうかがって、まことに気の毒な生活を送っていた。したがって家内にも動揺も起り、ついにはその本家はもちろん、近所隣家まで迷惑をかけるというありさま。これに反して本家の方では、祖先以来の家訓を守って一家は益々繁昌する、その間に世の中の物質的文明も大いに進んで、交通機関は長足の進歩をなし、これまで遠方だと思っていた所もつい近いお隣同様になってきた。もはや分家はいつまでも貧乏暮らしを継続し、ながく自ら苦しみ、近所に迷惑をかける必要はない。そこで当人も復帰を希望し、本家も喜んでこれを引き取ったのが、すなわち韓国併合である。

（『韓国の併合と国史』七七〜七八ページ）

もう一つの知識人の系譜

日清戦争、そして日露戦争にも勝利し、「維新三傑」の一人、木戸孝允《たかよし》の明治改元直後の提言は実現されたようでした。日本は帝国主義国の一翼につらなり、東アジアの世界に君臨する「帝国日本」となりました。

国土をひろげ、産業も見違えるように成長し、教育も普及し、文字どおり「栄光の明治」が実現したかのようでした。

しかし、それは政府・軍部という公権力による「歴史の偽造」が進んでそれがこの国の公権力の体質となり、事実にもとづいて、政治・外交を進め、言論・教育活動を充実させるのではなく、「虚構の事実」をあたかも「神権天皇制の国柄ゆえの事実」と思いこむ、そんな「虚妄と裏腹の栄光」ではなかったでしょうか。

こうした「朝鮮観」が明治以後の大きな流れとして形成されていったのですが、日本では昔からこんな歴史の見方が普通だったのではありません。また、征韓論がやかましく言われてからでも、それに抗《あらが》う言論が日本にもまだありました。いくつかを紹介します。

✴神話を否定した山片蟠桃や上田秋成

山片蟠桃《やまがたばんとう》（一七四八〜一八二一）は、江戸時代後期の商人であり学者でもありました。大阪の懐徳堂で中井竹山（一七三〇〜一八〇四）・中井履軒《りけん》（一七三二〜一八一七）などの儒学者に学び、一八〇二〜二〇（享和二〜文政三年）ごろにかけて、主著『夢の代《ゆめのしろ》』を書き継ぎ、天文・地理・歴史・制度・経済などについて論じました。

なかでも、地動説の採用、西洋文明への高い評価、迷信の排撃、鬼神（霊魂）の否定などが注目されます。

彼は、『古事記』や『日本書紀』の神話をどう見ていたのでしょうか。

『古事記』や『日本書紀』について、『夢の代』の「神代第三」に、つぎのような記述があります。

……日本紀神代巻ハトルベカラズ。願クハ神武以後トテモ大抵ニ見テ、十四五代ヨリヲ取用ユベシ。シカリトイヘドモ神功皇后ノ三韓退治ハ妄説多シ。応神ヨリハ確実トスベシ。……

（『富永仲基　山片蟠桃』日本思想大系、岩波書店、一九七三年、二七九ページ）

……日本書紀の神代の時代のはなしは採用してはならない。神武天皇以後の話も神代の話と同じようなものだ。一四代の仲哀《ちゅうあい》、一五代の応神よりは事実とみてよいだろう。とはいっても「神功皇后ノ三韓退治」の話には根拠のないデタラメな話が多い。応神よりは確実とみてよい……と、山片蟠桃は考えていたのです。

山片蟠桃のやや年上に同じく大阪で成長した学者であり、歌人でもあった上田秋成（一七三四～一八〇九）がいます。『雨月物語』（一七七六年）の著者として有名です。古代史研究でも一七八四（天明四）年には、博多湾口の志賀島《しかのしま》で発見された「漢委奴国王」の金印について、同年「漢委奴国王金印考」を発表しています。

また、当時、ヨーロッパから日本に入ってきていた世界地図などをもとに、本居宣長の日本神話に登場する日神が全世界を照らす太陽などという主張に反論し、宣長と激論を交わしたことが知られています。双方のやりとりの論文が残されています（上田秋成については、ベルリン自由大学専任講師、ユーディット・アロカイ「上田秋成と大阪の精神」、大阪市立大学文学研究叢書　第四巻『近代大阪と都市文化』、清文堂出版株式会社、二〇〇六年、参照）。

＊田山正中の「征韓論批判」

明治維新以後、征韓論がやかましくなってくる世相になっても、征韓論に対する真っ正面からの批判がありました。

田山正中の「征韓論批判」は、当時の世間にあった「征韓論」を全面的に批判したもので、日本の近代を通して見ても、ユニークなものです。

田山正中とは、どんな人だったのか、それはわかっていません。

つぎに紹介する田山の文章は、『明治文化全集』雑史編（日本評論社、一九二九年。一九六一～一九七四年、復刻増補版、日本評論新社）に収録されている佐田白茅《さだはくぼう》が編纂した明治初年の朝鮮をめぐって沸騰する国論、政府への上訴など、当時の「征韓論」に関係する文章を編纂し、佐田自身が批評を加えて出版した『征韓評論』という冊子に収録されているものです。

佐田白茅は一八六九（明治二）年末、朝鮮の国情視察のため日本政府から朝鮮に派遣されていた人物です。佐田自身は征韓論者ですが、しかし、真っ正面から「征韓論批判」を展開した田山正中のような主張も無視することはできなかったのが、明治もまだはじめのころの日本社会のありさまを反映していて興味深いですね。

全文は『明治文化全集』雑史編を読んでいただくことにして、ここでは簡略にし、田山の主張の根幹をわかりやすい言葉に意訳して紹介しましょう。

　第一　国内の騒乱を避けるため、朝鮮に事件を起こして人びとの目を外にそらそうというものがある。それは豊臣秀吉の二の舞を演ずるものだ。

第二　日本が朝鮮を自分のものとし、そこを足場にしてロシアを防ごうというものがある。しかしこれは「戦《いくさ》の道」（戦争の仕方）を知らないもののいうことだ。日本が朝鮮を攻略することはあるいはできるかもしれない。しかしたとえそうできたところで、朝鮮の人心がわずかの時日でどうして日本になびき従うことになるだろうか。そんなことはありえない。むしろ朝鮮を占領した日本は、まわりは全部敵という状態になる。それなのにさらにまた他の強敵（この場合はロシア）を防ごうとしても、そんなことはできることではない。
第三　一時、朝鮮に事件を起こして日本の人心をふるいたたせようというものがある。はなはだ卑怯な言い分だ。いま日本は欧米の強敵に直面して、たえがたいはずかしめから抜け出ることができないでいる。それなのにかえって西洋人を手厚くもてなし、彼らに抵抗すべきでない、大義名分はしばらくおいて、まず西洋人に従って学ぶことが上策だと、平気でいっている。……こんなありさまを全然問題にもせず、わざと事件を起こし、隣国とのつきあいをかえりみず、みだりに弱小とあなどって、なにも変わったことがないのに侵犯しようとする。こんなことをしていては、いまは非難の声をおさえることはできても、後々、世界の批判をまぬがれることはできない。
第四　外国と外交関係を結んで、われわれは鎖国がよくないことをさとった、だから朝鮮にも世界の国々と外交関係を結ばせるのは、日本の責任だという。鎖国がよくないとはそもそもどんな理由でそういうのか。……はじめアメリカの軍艦が江戸海（東京湾）に侵入して、日本に条約を結ぶことを強要した。イギリス・ロシア・オランダ・フランスもつぎつぎに来て、それぞれ欲するところをほしいままにした。われわれの手足をしばり、うまい汁を吸い、われわれは次第に衰えてほとんど救いようもないありさまになろうとしている。それなのに、同じことをいま朝鮮に勧《すす》めて強要しようとするのは、われわれの失敗を繰り返させることになる。もし自分が朝鮮人ならば、どうしてこれを心配しないでおられようか。

第五　朝鮮にことを起こして、人心をふるいたたせ、日本の文明を進めようというものがいる。もっともな言い分のようだが、朝鮮に出ていってこれを試みるというのは、考え違いもはなはだしい。前にもいったが、目前の強敵を避けるのは卑怯である。なにも問題のない弱国を伐《う》つのは不義である。それだけではない。ことさらに事件を起こし、彼我の人命を犠牲にし、金銭や穀物を使い、その費やす財貨は、ことごとく外国のずるがしこい商人の手に入り、われわれの苦しみはただずるがしこい商人を助けるだけではないか。朝鮮の人心はあつく信義を好みかたく条理を守り、気質はアジアの国々でもっとも美しいと聞いている。いまだかつて外国のわるがしこい誘いに応ぜず、すぐれた品性の変わらない美人に似ているというではないか。美人は常に人に愛される。にもかかわらず、どうしてこの国がひどい目にあわされるのか。ああ、嘆き悲しむ。

✴外交官吉岡弘毅の建白

また、一八七〇（明治三）年から一年半ばかり、日本政府から派遣されて朝鮮政府との開国交渉にあたった外交官吉岡弘毅も、一八七四（明治七）年二月、長文の意見書を書いて政府に上申しています。

彼がこの意見書を書いたときは二七歳でした。彼は西郷隆盛や副島種臣らの征韓論に反論しました。

朝鮮はわが国を軽く見てあなどっているのではなく「疑懼《ぎく》」（疑って不安がる）しているのである。その責任はむしろ日本にある。

不安がる理由の第一は豊臣秀吉の朝鮮侵略である。その体験が三〇〇年後の朝鮮人にまで「戦《せん》慄《りつ》」を呼び起こしている、と吉岡は指摘しています。

第二は、秀吉軍の敗退後、日本と朝鮮のあいだをとりもつ役目をはたした対馬藩が、朝鮮から米を与えられながら、しばしば口実をつくり、朝鮮に不当な要求をしていた。もし日本政府と国交を結べば、その勢力は対馬藩とくらべられないほど強いだろうからと心配している、と吉岡はいっています。

第三には、明治維新後に日本政府が朝鮮政府に渡そうとした文書のなかの「皇」「勅」などの文字についてです。この件については、朝鮮側が日本の国交申し入れの文書を受けとらなかった理由として、「征韓論」をめぐる書物によく書かれていることです。吉岡は、「皇、勅」は、上国である清国の皇帝が目下の国に対して使う文字だ、という朝鮮側の主張を認めたうえで、彼らがこの字句にこだわる理由をこう説明しています。日本はまず皇勅の「虚名（実際以上の名声）」をもって、我を属国の体（状態）におとしいれ」、つぎにその「虚名」を口実にして実際に「属国」にしようとの「わるだくみ」をめぐらしている、それゆえ文書を受けとれば「必ず大きな害をひき起こすだろう」と朝鮮側は疑い恐れているのだ――と（牧原憲夫『明治七年の大論争』日本経済評論社、一九九〇年、参照）。

吉岡は朝鮮の国交拒否が一般にいわれるように、「皇・勅」などの文字にこだわる朝鮮の「頑迷固陋」のゆえではない、それは秀吉以来の日本と朝鮮の歴史的関係をふまえてのものであることを、外交官としての朝鮮体験にもとづき力説したのでした。

しかし、こうした「征韓論批判」は、日本政府が江華島事件を引き起こし、朝鮮侵略を進めていくと影をひそめていくことになります。

✴東学農民虐殺を批判したジャーナリスト坂斎道一《さかさいどういち》

日清戦争中、東学農民軍を鎮圧するための部隊編成に兵士が動員された四国では、日本の軍事行動に対する批判が見られました。

香川県のジャーナリストの日本政府批判です。『香川新報』には、一八九四（明治二七）年一二月に四回にわたって、折から進行中の東学農民軍に対する殲滅戦争に対する批判の社説が掲載されます。

前にも紹介した井上勝生さんの力作『明治日本の植民地支配』（岩波書店、二〇一三年）に引用されている一八九四（明治二七）年一二月二〇日、東学農民戦争についての二回目の社説では、

……東学党中の少なくとも、その領袖《りょうしゅう》たる者共は、或は朝鮮国中の先覚者なりと言ひ得べしと信ずるなり……

また、一二月二三日の四回目の社説には、

討たるべからざるの愚民、或は討たれ、或は害せらる、安《いず》んぞ恨みを後世に残さゝ《ざ》るを得ん、百人死すれば千人恨み、千人斃《たお》るれば、万人怨む、嗚呼《ああ》安《いず》んぞ、永く我徳を播《し》くに便ならんや。……東学党好《よ》し平定に帰するといえども一般良民の帰服し難きを如何にせん、井上伯たる者、深く鑑《かんが》みさるべからす、識者たる者、深く鑑みさるべからず。

（井上、前掲書、二三五〜三六ページ）

意訳しますと、

討たれるはずのない普通の農民も、あるいは討たれたり、殺されたりすることもあるでしょう。どうしてその恨みが後々まで残らないといえるのですか。百人が討たれて死んだら一〇〇〇人が恨むことになります。一〇〇〇人打ち倒されたら一万人が恨むことになります。ああ、どうして日本の恩恵をほどこすのに役立つというのでしょうか。……東学農民がたとえ平定されたとしても、東学に関係のない農民が日本に敵対せず服従するのが難しくなるのをどうしようとするのですか。井上馨伯爵よ、あなたは朝鮮駐在公使ではありませんか、よくよく考えてみなければなりませんよ。また日本の世の中の見識のある人たちよ、深く考えてみてください。

田山正中が征韓論に反対する理由の第二にあげたこと（二一八ページ参照）が、いま日清戦争のさなかに朝鮮に起こっていたのです。それを立憲改進党系の新聞、『香川新報』の主筆、坂斎道一は見逃さなかったのです。この新聞は一八九五年には四回の発行停止の処分を受けたそうです。

しかし山片蟠桃や、田山正中、吉岡弘毅、坂斎道一らの主張は、日露戦争・韓国併合を経過する日本で消えていきます。

そのかわりに、一流の知識人たち、福田徳三／岡倉天心／新渡戸稲造／喜田貞吉らがなにを言ったのか！――「明治という時代」、日本の朝鮮侵略が進むにつれて《日本の学問や知識は頽廃して行く》――そのさまを鮮やかに示しているではありませんか。

3　朝鮮の制圧と「日本国の頽廃」

陸奥宗光外務大臣の快哉

日清戦争当時、外務大臣だった陸奥宗光は、『蹇蹇録《けんけんろく》』の第一〇章で、朝鮮王宮占領にいたる前、日本の国内、天皇の周辺をふくむ上層部で、開戦理由についてさまざまな議論のあったことを整理して記述していました。

それでは、その要点を『蹇蹇録』の叙述からここでふりかえっておきましょう。

……内閣の同僚をはじめ主だった人びとも、もはや日清両国の間で戦争になるように仕向けることについては格別の異論はなかったが、その開戦の根拠となる理由、開戦の方法については議論はいろいろ分かれていてまとまっていない状況だった。

しかし、大鳥公使が上申してきた《高手的外交攻略》（一二〇～一二一ページ参照）のようなやり方では、（第一）に欧米強国からの非難をまねく恐れがある。また（第二）にまだ清国より朝鮮に向かい大兵増発の知らせもなく、また牙山にいる清国軍がソウルに進撃する動きもないのに、それに先立って日本軍がこの清国軍を攻撃したのでは、日本はよこしまな国だと言われるおそれがあり、かえって日本は臆病であるとみられる恐れがある。（第三）たとえ日本軍が牙山にいる清国軍を攻撃するにしても朝鮮政府からそのことを日本政府に委託させなければならない。朝鮮政府からこの委託をさせる前に、日本側がまず兵力をもって朝鮮政府に圧力をかけ日本の主張に屈従させなければならない。このような行為は、《朝鮮の自主独立を確認する》という日本の主張ととびはなれていて、だれからも同情を得られない。

というような日本の宮廷や政府部内のさまざまな声を書いたあとに、陸奥宗光は続けて、

このような議論は、いちいちもっともだが、開戦間際の状況で、ほかの良策を提案するものもなく、大鳥公使に向かい、「今は断然たる処置を施すの必要あり。何らの口実を使用するも差支えなし。実際の運動を始むべし」と電訓した。同公使はもはやどんな口実を選ぶも

まったく彼の自由で、彼はすでに自らこれでよいと信ずる方針を実行したかもわからない。

と書いています。

そしてソウルでの事態は、一八九四年七月二三日、日本軍による王宮占領にむかって進んだことはすでにⅡ章で詳細に書いた通りです。

陸奥宗光はこの『蹇蹇録』では、朝鮮王宮占領の実行は、大鳥公使の判断で進んだかのような筆づかいで書いていますが、七月一三日、外務省参事官本野一郎を朝鮮に派遣し、本野一郎は大鳥公使とともに龍山《ヨンサン》に駐屯していた大島混成旅団長のもとに行き、そこで王宮占領の実行を相談、決定していたのですから、陸奥宗光外相も朝鮮王宮占領の実行と、その公表の仕方まで事前に承知していたにちがいありません。

こうして日清戦争は七月二三日の日本軍による朝鮮の王宮占領、二五日の豊島沖の海戦、二七日の陸上での最初の清国軍との戦闘、牙山、成歓の戦いではじまりました。

日本軍が、牙山に上陸している清国軍を朝鮮国内から追い出すようにという朝鮮政府の委託を受けて清国軍を攻撃したという形をとって陸上の戦闘をはじめたのです。そのためには、日本軍による朝鮮王宮占領という軍事行動が必要だったのです。

その結果、『蹇蹇録』が書くように、

……その後、数日ならず大鳥公使および大島旅団長より各々その筋に向かい牙山、成歓の戦勝を電報し来りたるに由り、いまは大鳥公使が使用したる高手的外交手段もその実効を奏し、牙山戦捷の結果は京城近傍にはもはや一人の清国兵も見ず、朝鮮政府はまったく、日本政府の手中のものとなったとの快報、一時にわが国内に伝わり、また欧米各国政府も、日清の交戦が実際にはじまってしまったので、容易に干渉することもできず、しばらく傍観することになったので、《さきに強迫手段を以て韓廷を改革するの可否を説き、我が軍より先ず清軍を進撃するの得失を陳じたる諸般の議論も、全国一般都鄙《とひ》到る処に旭旗《きょくき》を掲げ帝国の戦勝を祝する歓声沸くが如きの中に埋没せられ、共に姑《しばら》く愁眉を開きたり。》

(以上、岩波文庫『新訂蹇蹇録』一三四〜一三八ページ)

ということになったのです。

《 》に注目してください。さきに陸奥が『蹇蹇録』であげたさまざまな疑問、懸念、心配は、全国いたるところ街でも田舎の村々でも、全国津々浦々で旭日旗を掲げて勝利を祝う声に埋没してしまった――というわけです。

『蹇蹇録』は事実を隠さず日清戦争の外交指導の実際を記述した書物だという評価があります。しかし、私は、それは正しくないと思います。

朝鮮王宮占領は、日本が日清戦争に突入するのに決定的な事件でしたが、これは陸奥宗光外務大臣も承知のうえで、現地の駐在公使と日本軍が、周到に計画し実行し、その対外的な説明を「偶発的な事件」として公表することまで事前に準備して決行されたものであることはすでに説明したところです。

日本陸軍の公式戦史もウソの話に書きかえられていることはすでに説明しました。今日明らかになっているもろもろの事実からみて、『蹇蹇録』も肝心なところは事実を書いていません。虚構の話を、巧妙な筆づかいで事実であるかのように陸奥は書いているのです。

日本軍による王宮占領の結果、朝鮮のなかで澎湃《ほうはい》として湧き起こってくる朝鮮人民の抗日闘争、東学農民軍の第二次蜂起とその徹底的な殺戮作戦については、『蹇蹇録』はひとこともふれていません。

朝鮮の王宮占領により日清の交戦への道が切り開かれた直後、七月二六日に大鳥圭介公使は陸奥外相に手紙を書いたのですが、陸奥がその大鳥の手紙への返事を書きます。その陸奥の大鳥への返事、これは陸奥が病床で口述したものですが、それを朱筆で訂正した手紙の原文にあたるものが国会図書館憲政資料室『陸奥宗光関係文書』にあります。

その手紙は、私の『日清戦争の研究』（青木書店、一九六八年、一二六ページ）ですでに紹介していますが、ここではわかりやすく意訳しながら改行もして紹介しておきます。（　）内は中塚の補注です。

七月二六日にお認め（お書き）のお手紙拝見しました。ご壮健のことおよろこびいたします。今回の事件（日付から言って七月二三日の王宮占領のことを指しているのはまちがいない）については、文章では十分に表現することができないほどのご配慮があったことは、よくよくお察ししています。

ついに今回の場合に立ち至ったのはまったく老兄（大鳥圭介は一八三二年生まれ、日清戦争開戦当時は六二歳。陸奥は一八四四生まれで五〇歳。陸奥は大鳥に敬意を表して老兄と書いたのです）の目的どおりにことをお運びになった結果と深く感謝しているところです。

いまあなたのような地位に立っているものは、傍観者よりいろいろの注文を受けたり、またいろんな非難を受けるのは避けられないことですが、まったくあなたの老練なご政略（政治上の策略）によって今日の状況に立ち至ったことは深く感服のほかありません。またこちら（外務大臣）からときどき申し上げました事柄は、「廟議《びょうぎ》ノ変換」（政府の方針の変換）というようなことではありませんが、内外の形勢やその時々のできごとによって多少の変更を生じざるを得ない場合に立ち至ってのことであって、訓令の表面では前後相違するように見えることもあったかもしれませんが、あなたがいろいろ状況をよく判断されたことは、私が深くお察ししているところです……（後略）

外務大臣の訓令に前後相違するところがあったかもしれないが、それは「廟議ノ変換」というようなことではありません――と開戦に立ち至ったことに満足の気持ちを大鳥圭介公使に伝えた手紙でした。

明治天皇の「臥薪嘗胆《がしんしょうたん》」

こうした日本国家の中枢の動きのなかで、では明治天皇はどうだったのでしょうか。日清戦争中の天皇の動静をつぶさに叙述するのはこの本の目的ではありませんので、世間に流布する特徴的な話についてだけ考えてみることにします。

はじめに「明治天皇は日清戦争に反対だった」という話。それは本当でしょうか？『明治天皇紀』一八九四年（明治二七）年八月一一日のところにつぎのような記述があります。

十一日　清国に対する宣戦の奉告祭を行ふため、午前八時賢所《かしこどころ》・皇霊殿《こうれいでん》・神殿を装飾し、御饌《みけ》・幣物《へいもつ》を供す、期に臨んで出御《しゅつぎょ》あらせられず、式部長侯爵鍋島直大《なべしまなおひろ》をして代拝せしめ、祝詞を奏せしめたふまふ、……

……是れより先、宣戦の詔を公布せらるゝや、宮内大臣子爵土方久元《ひじかたひさもと》御前に候し、神宮並びに先帝陵の奉告勅使の人選に就きて叡旨《えいし》を候す、天皇宣《のたま》はく、其の儀に及ばず、今回の戦争は朕素《もと》より不本意なり、閣臣等戦争の已《や》むべからざるを奏するに依り、之を許したるのみ、之れを神宮及び先帝陵に奉告するは朕甚だ苦しむと……

（『明治天皇紀』第八、吉川弘文館、一九七三年、四八一～四八二ページ）

家にはそれぞれ家風があって、「皇室の家風は平和主義である」と言った元外交官の評論家がいましたが、そんな歴史離れした話にはここでは取り合わないことにします。

しかし、開戦前には、侍従長の徳大寺實則《とくだいじさねつね》を通じて外交上の懸念をいろいろ表明していたことは事実です。また、宣戦の詔勅を公布したことを伊勢神宮や孝明天皇陵に奉告する天皇の使いをだれにするのか、その人選をたずねたのににべなく拒否反応をしたなどの記事をもって明治天皇は平和主義の人であった、という主張は学界でも散見されます。

しかし、これは天皇の実像でしょうか。

佐々木高行（一八三〇～一九一〇）という人がいます。土佐藩出身、幕末・維新のときに坂本龍馬などと行動をともにしたこともあり、明治になって岩倉具視らの海外視察団の一員にもなり、内閣制度の発足とともに宮中顧問官、ついで長く枢密顧問官をつとめ、明治天皇の子どもの養育にもあたり、明治天皇の信任の厚かった政治家です。

彼の伝記史料として『保古飛呂比《ほごひろい》』が知られています。明治一〇年代以降天皇の近くにいた人物で、天皇の個人的言動などを知るうえで貴重な記録です。「天保元年から明治一六年」（一八三〇～一八八三）までが東京大学史料編纂所に所蔵されていて、この分は東京大学出版会から出版されています。しかしその後の分は、宮内庁書陵部に所蔵されていると伝えられていますが、公開されていないので全貌はわかりません。

ただ、佐々木高行の秘書であった津田茂麿が著した『明治聖上と臣高行』（自笑会、一九二八年刊行）という書物があります。これは佐々木高行の伝記ですが、かなり日記からの引用がありま す。「必ずしも原文に忠実な引用ではない」（『国史辞典』吉川弘文館、「保古飛呂比」の項、鳥海靖執筆）と言われていますが、正確には宮内庁書陵部が原本を公開することを期待して、ここではその『明治聖上と臣高行』からわかる日清戦争と当時の明治天皇の姿を見てみましょう。

日清戦争が終わり、大本営が広島からひきあげていったん京都に移りました。その京都で、一八九五（明治二八）年五月一二日、久々に佐々木高行は天皇と単独で話をしました。

佐々木は、その日の日記に、つぎのように書いています。

五月十二日、参内、久々にて御内輪《うちわ》の拝謁に付、何かとうかがいたてまつり、……色々御沙汰《ごさた》を拝承す。御沙汰に、昨年開戦の初めにあたりて心配したるは、軍人は戦争に勇むべきも、内閣が意見の相違にて統一せざるやうの事ありては相成らずと能《よ》く協議させ、又無理無算に大兵を繰り出し会計相立たざる場合に至らば困難ゆえ、予《あらかじ》め篤《とく》と其の辺を打合せるよう有栖川《ありすがわ》参謀宮にも申含めたり。……

（前掲、『明治聖上と臣高行』、九〇八ページ）

……御沙汰に、盛京省半島（遼東半島のこと—中塚）を我が領とするは如何と考へたり。同地の模様を聞くに、収納は至って少くとても行政と国防とに不足し、本国より仕送り致さずては、何事も出来ぬ様子なり。或は云う台湾は利益あり、其の利益を以て半島の費用に充てるやう申す者もあれど、直に利益を挙げるは覚束《おぼつか》なく、仮令《たとい》利益あるも、其の台湾に要する費用も多かるべしと考へたりと仰せらる。……

（同右、九〇九ページ）

……右の外、色々　御沙汰拝承せしも、何分御間断なく　御沙汰あらせられたれば、拝承違ひの事もあるべく、又拝承しかぬる義もありて、押返し伺ひ奉る事も致しかね、詳細は記し難し、只だ大要のみを記し置くのみ。

……右にて退出せんとせし際、更に　御沙汰あり、過日も伊藤に戯談半分申聞くる《（ママ）》に、半島を取る事は急速にも及ぶまじ、此度の戦争にて地理人情も相判り居れば、遠からず朝鮮よりか又は何処かより再戦の期来るべし、其の時に取りても宜しかるべしと申したりと、大に御笑ひ遊ばさる。……

（同右、九一〇ページ、傍線は中塚）

明治天皇を「平和主義者」という論者たちが、だれでも見ることのできる『明治聖上と臣高行』に記載されているこの佐々木高行の日記を無視しているのは、私には理解できません。

この佐々木に語った明治天皇の話から明らかなように、開戦にあたって、天皇があれこれ注文をつけたとしても、それは「天皇ハ国ノ元首ニシテ統治権ヲ総攬」するという大日本帝国憲法第四条に規定された天皇としての当然の大権を行使したものでしょう。

紹介した佐々木高行の一八九五（明治二八）年五月一二日でもっとも注目されるのは、引用した最後の傍線の部分です。この日、天皇は佐々木高行と二人だけで話をしたのですが、天皇は間断なく、よくしゃべったのです。

そして退出しようとする佐々木を、さらに呼びとめて、天皇からかさねて話があったのです。天皇はなにを言ったのでしょう。――「先日も伊藤（総理大臣伊藤博文）に冗談半分に話したのだが、遼東半島を中国から取るのはなにも急いで取ることもないのではないか。今度の戦争で地理も人情もわかっていることなのだから、遠くないうちに朝鮮からか、またはどこかからか、ふたたび戦争をするときがあるだろう、だからそのときに取ってもよかろうと、話したのだ」と大いにお笑いなされた、というのです。

遼東半島分割への天皇のなみなみならぬ執心と、新たな戦争を期待する天皇の心情をよく示しているといえるでしょう。

日清戦争をへて、明治天皇は朝鮮や中国に対する侵略の矛先をいっそう鮮明にした「日本帝国」の元首として、日清戦争で取りそこなった中国領土の分割のために、新たな熱意をもやしていたのです。

そこには、朝鮮・中国を侵略することによって、急成長しはじめた「日本帝国」の君主として、朝鮮・中国を侵略することに早くも馴れた天皇の姿が見られます。

この朝鮮・中国を侵略することをなんとも思わない、そんな気分が日清戦争をへて、天皇をはじめ日本の支配者層にはひろがっていたこと、そしてそれは支配者だけではなく、ひろく日本人の間にもひろがっていたことを、この佐々木高行の日記の行間からもうかがえます。

昭和天皇が太平洋戦争開戦の前、一九四一（昭和一六）年九月六日の御前会議で、いつもはめったに発言しないのに、このときは日露戦争に際し明治天皇が詠んだという「よもの海みなはらからと思ふ世に　など波風のたちさはぐらむ」という歌を読み上げたという話がよく語られます。そしてそれが「天皇は平和主義者」の証拠であるかのようにいわれるのです。

しかし、この「よもの海みなはらからと思ふ」というとき、そこには「朝鮮」や「中国」は含まれていたのでしょうか。「朝鮮」などについては「外国」とも思わず、無視しているという意識すらなかったのではありませんか。

いまでも、こういう逸話を、あたかも「天皇は平和主義者」であるかのように語るとすれば、それは日清戦争や日露戦争の日本の赤裸々な国の姿を見ようともしない現代日本人の歴史感覚の深層をかえって明らかにするものです。

伊藤博文の抗日義兵弾圧を命じる訓示

日露戦争に勝利し、ロシアをはじめほかの帝国主義国の干渉を排して朝鮮を独占的に支配することができるようになった日本は、戦後、一九〇五（明治三八）年一一月、韓国の外交権を奪いました（第二次日韓協約＝「保護条約」）。

外交権を奪われることは国の独立を奪われるのも同然で、それに抗議する韓国人民の武装抗日の動きがふたたび活発になってきます。韓国皇帝も第二次日韓協約の不法を世界に訴えようとして使者をオランダのハーグで開かれていた万国平和会議に派遣します。

韓国を保護国にして、その支配のために韓国統監となっていた伊藤博文は、この「ハーグ密使事件」に怒り、韓国の内政をすべて統監がにぎり、皇帝（高宗）を退位させ、さらに第三次日韓協約（一九〇七・明治四〇年七月二四日）を結ばせて韓国の軍隊を解散させました。

しかし、韓国の軍隊を解散させたことは、裏目に作用します。当然、韓国の兵士のなかには武装解除を拒否するものが出ます。その彼らが「抗日義兵」の旗印をかかげて各地で日本軍と戦うことになったのです。

日本軍はこの韓国の義兵との戦いを『朝鮮暴徒討伐誌』という本にまとめていますが、それによると一九〇七（明治四〇）年から一九一一（明治四四）年まで、二八五二回（！）の交戦があり、交戦した「暴徒」の数は、一四万一八一八人を数えたと記録されています。

初代の韓国統監、伊藤博文は一九〇八（明治四一）年六月一二日、この抗日義兵運動を鎮圧し

「義兵部隊」（F.A. マッケンジー "The tragedy of Korea"〈ロンドン、1908 年〉より転載。本書は京都府立図書館所蔵）

ている日本陸軍の将校を集めた席上で演説しました。

国会図書館憲政資料室に所蔵されている「倉富勇三郎文書」のなかにある「秘　陸軍将校招待席上伊藤統監演説要領筆記（明治四十一年六月十二日）」という文書がその演説を記録したものです。

その演説で伊藤博文は、こう言っています。カタカナをひらがなになおし、句読点を入れて、適宜改行もして、文意をわかりやすくして紹介します。

……韓国の現状はたとえ暴徒が蜂起しているといえども、まったく平時であって、戦時でもない。内乱でもない。むしろ「地方の騒擾《そうじょう》」（集団で騒いでいる）と称すべきものなり。

……韓国内部の騒擾は韓国みずからこれを鎮圧すべきものであるが、昨年の軍隊解散後は韓国において兵力の形を存せず。……軍隊は解散されて、これを鎮圧する実力をもっていないので、日本がみずからこの鎮圧をする義務が生まれた。

この義務を生じた由来をさらにくわしく説明すると、昨年先帝（高宗）が譲位され、新協約の締結（第三次日韓協約）で、軍隊が解散されると、その結果、人心が動揺し、あるいは暴動を起こすものが出てくるかもしれないので、その場合にはこれを鎮圧すべき旨、韓国皇帝陛下より本官（韓国統監伊藤博文）に依頼された。

いまここにその公文を持ってきているのでその大要を一読しよう。

兵制改革ノ為発布ノ詔勅ヲ奉遵《ほうじゅん》シ各隊解散ノ時ニ人心ノ動擾《どうじょう》セザル様予防シ或ハ違勅暴動者ハ鎮圧スベキコトヲ閣下ニ依頼セヨトノ我皇帝陛下ノ勅旨ヲ奉承致シ候ニ付茲《ここ》ニ及照会候条御照亮相成度云々（光武十一年七月三十一日付）

これが日本軍隊の力をもって暴徒鎮圧に従事する根拠である。……

……暴徒いまだやまず。ついに今日の蔓延《まんえん》を見るに至れり。暴徒討伐につき第一に注意すべきは、韓国は平時の状態にあることとなり。盗賊の横行は戦争と全くことなるが故に戦時の法規を適用することを得ず。目下の状況はただに戦争ならざるのみならず、内乱と称するにも当たらず。……わずかに地方の騒擾にすぎず……

……軍人として一直線に敵に向かうはかえってその職務を尽くし易《やす》いと言うことができるが、周囲の形勢をうかがいながら、竹槍や蓆旗（むしろ旗）をかかげて刃向かってくるものを鎮圧するのは決して容易なことではない。

しかしながら韓国は敵国ではない、日本の保護国である。まして我が皇帝陛下は仁愛のめぐみを韓民に及ぼし、彼らをして春雨に沾《うる》はしむるごとく陛下の聖恩に浴させようとする希望をもっておられるので、なおさら注意を払う必要がある。

部隊長として暴徒討伐に従事せらるる諸君はこの点に関し配下（部下）の注意を喚起されるように切望する。

義兵の鎮圧については、朝鮮総督府が一九一八（大正七）年に刊行した『朝鮮ノ保護及併合』という本にも、「暴徒討伐」という記述があります（一八六～一九六ページ）。

その一部を句読点をおぎない、カタカナをひらがなに、一部の漢字をひらがなになおして紹介します。韓国軍を解散させたさいの様子とその後の情況を伝えたものです。

明治四〇年七月二四日締結の日韓新協約および同附属覚書にもとづき、同八月一日、韓国軍隊を解散するや、たまたま侍衛歩兵第一聯隊第一大隊、およびこれに隣接せる同第二聯隊第一大隊は、解散式場に入るにさきだち第一聯隊第一大隊長、梁性煥《ヤンソンファン》の憤死に誘発せられて、各々その営によりて暴発し、教官たる日本将校以下に迫害を加えんとし、兵営受領のため出張せるわが軍隊に対して反抗し、銃火あいまみえ、我が兵奮闘約二時間にしてこれを鎮定せり。時に一部の韓兵は遁逃《とんそう》して各地に分散し、暴発の真相また地方に誤伝せられて、ここに各地方における匪焔《ひえん》ようやく加わり、八月六日江原道原州鎮営隊の暴動となり、同十日京畿道江華島分遣隊の反抗あり。その他、忠清、黄海、慶尚、全羅の諸道、響きの応ずるがごとく相つぎ、暴徒の蜂起を見るに至れり……（一九二ページ）

朝鮮総督府の記録ですが、伊藤博文の演説よりもことの真相に近い情報を伝えています。伊藤博文は、軍隊が解散されると人心が動揺し、あるいは暴動を起こすものが出てくるかもしれないので、その場合には鎮圧せよと、韓国皇帝より「韓国統監伊藤博文」に依頼されたと言って、韓国皇帝の「暴徒鎮圧の依頼」の文章なるものを読み上げていますが、義兵鎮圧を正当化するのにこんな文章をもちださざるを得ないほどに、伊藤博文は行き詰まっていたと言えるかもしれません。

朝鮮の宮廷には日本人の「顧問」やそれと通じている韓国人がたくさんいて、伊藤の読み上げた「皇帝の依頼」などは朝飯前に作り上げることができた、そんな状況を韓国統監である伊藤博文が知らないはずはなかったのです。

伊藤博文は一九〇九（明治四二）年六月、韓国統監を辞任、日露関係を調整するためハルビンに出張中、一〇月二六日、韓国人、安重根《アンジュングン》に暗殺されました。

日本の外務省は政務局長倉知鉄吉を満州に派遣、真相の調査にあたらせました。倉知の調査の結果が、どういうものであったか。

倉知鉄吉の「韓国併合ノ経緯」（『諸修史関係雑件　外交資料蒐集関係史話集（一）第三巻』、外交史料館所蔵）につぎのように述べられています（カタカナをひらがなにし、句読点をおぎなってあります）。

調査の結果、今度の暗殺事件は東京で一部の人が想像した如き大規模のものではなく、浦塩（ウラジオストック）にある若干の不逞鮮人等が計画してこれを満州で決行したものである。すなわちその根元は浦塩にあり、しかも大規模なものではないと判定した。……この際なるべく事件を小さくとりあつかうことを必要とし、その旨を政府に献言し、政府も大体その方針を取るつもりであった。

倉知の調査報告のキーポイントは――
一、事件の根元は朝鮮にはなくウラジオストックにある。
二、小規模な不逞鮮人の仕業である。
つまり朝鮮でつづく抗日義兵の運動、もっといえば日本の侵略に反対する朝鮮の民族運動との関係をことさら隠すことを本旨とする報告でした。

「この際なるべく事件を小さくとりあつかうことを必要」ということは、日本の朝鮮侵略政策が、朝鮮の民族運動を引き起こしていることに世界の耳目が集まらないように、日本政府がつとめていたことを裏書きするものです。

こういうことからも、日本政府自身が事実を客観的にまともに見ることができなくなりつつある、そんな「日本の姿」を見ることができるのではないでしょうか。

朝鮮では伊藤博文が暗殺されてから一〇年後、一九一九年に「三・一独立運動」が起こります。

二〇一九年はその「一〇〇周年」です。

IV

未来を切り拓くための歴史認識

——事実に向き合い日本の近代を再考しよう

辺見庸さんのブログ

安重根《アンジュングン》が中国黒竜江省のハルビン駅で、伊藤博文を暗殺した現場に記念碑を建てる問題について、韓国政府と中国政府が合意し、記念館もできました（二〇一三年一一月～二〇一四年一月）。このことに日本政府がすぐ反応しました。「我が国は安重根は犯罪者と韓国政府に伝えてきている。このような動きは、日韓関係のためにはならない」と述べて、強い不快感を示したのです。韓国・朝鮮人ならだれでも知っている「民族的な英雄」＝安重根を「犯罪者」とわざわざ日本政府のスポークスマンが記者会見で言ったのです。

安倍晋三の内閣は、ここまで言うのか、と私はこのニュースを聞いてビックリしました。日本の新聞はこの発言をどう論評したのか、翌日の新聞を見ましたが、批判的な文章はまったくありません。「えっ？　日本のマスコミはなにも言わないの？」と二度ビックリしました。

その後、ある友人から、辺見庸さんがブログで書いてますよ、と教えられました。辺見さんも新聞を見ていたのです。辺見さんの長い文章です。一部を紹介します。

アンジュングン（安重根）は「犯罪者」という菅義偉官房長官発言を各紙がどう伝えたか

知りたかったから。

呆れた。どれほど大きく報じていることかと息をつめて紙面を繰ったら、あれだけの重大発言と韓国の抗議が、たったの二、三段。菅官房長官が一九日の記者会見で「わが国は、安重根は犯罪者であると韓国政府にこれまでも伝えている」と、こともなげに語ったことが、しかし、朴槿恵政権支持者と反対派を問わず、どれほど韓国民衆の内面を傷つけたか、想像にかたくない。

そもそも「ポムチェジャ」（범죄자、犯罪者）という言葉が韓国語でどれほどおもいひびきがあるのか、これにアンジュングンの名前をかさねたら、いったいどのように相乗して侮辱的、屈辱的な語音となるか、与野党の政治家、官僚だけではなく、いまのジャーナリズムも、じつに恥ずかしいことに、考えたことがないのではないか。日本という国の悲惨さは、いちじるしく知性を欠く政治家とマスメディアに支配されているにとどまるのではなく、みずからの近現代史の実相と、その朝鮮半島、中国とのかかわりの深層を、あまりにも、じつにあまりにも知らず、謙虚に知ろうともしていないことである。

この国はせいぜいよくても、司馬遼太郎ていどの近代史観しかもたない首相と政治家を、過去にも現在も、何人もいただいてきたことだ。そして日本の〈征韓論〉の歴史と淵源をまったく知らないマスコミ。そのツケがいまきている。（後略）

（辺見庸「不稽日録」二〇一三年一一月二〇日）

憤懣やるかたない辺見さんのブログはまだまだ続きますが、紹介はここまでにしておきます。

日本の市民一人ひとりの責任

一九三一（昭和六）年の中国東北（満州）侵略戦争からの事実は語られても、その「満州事変」という新たな侵略が、明治以後の日清戦争や日露戦争、その過程で一貫して日本の侵攻の対象となった朝鮮侵略、朝鮮の植民地支配とどう関連していたのかは、専門の近代史研究者をふくめてほとんどの日本人は無視してきました。

それが、一九四五（昭和二〇）年の敗戦後から現在までの、日本人の精神的・思想的・文化的状況だと言って過言ではありません。

半藤一利さんの『昭和史』（平凡社、二〇〇四年）は、現在、平凡社ライブラリーの一冊になり、それは二〇〇九年六月から二〇一七年四月まで〝二三刷〟という売れ行きです。名著といわれるゆえんです。「昭和史の根底には〝赤い夕陽の満州〟があった」というのが、この本の「はじめの章」の題です。

それでは明治の朝鮮侵略と関連して、朝鮮から満州への日本の侵略の事実が書かれているのかというと、そうではありません。日本が「植民地にならずに堂々たる近代国家をつくることに成功した」と書かれているのですが、それが朝鮮を踏み台にしてのことであったことは一言も書かれていません。

中国については、半藤さんは、日本の権益拡大に反対する民族的な動き、そして一九一九年の「五・四運動」については、芥川龍之介の『支那游記』を紹介しながら三ページにわたって書いています。ところがその直前、朝鮮に起こった「三・一独立運動」については無視しています。

現代日本の文筆業界の朝鮮認識を象徴する叙述というほかありません。

日本の朝鮮植民地支配は、一九一八（大正七）年、日本国内で起こった市民暴動＝米騒動をへて、日本本土の食糧危機を打開する一環として、朝鮮からの米のいっそうの収奪を計画し、朝鮮で「産米増殖計画」を実施しました。

この計画の結果、朝鮮での米は「併合」当時にくらべて増収になりました。しかし、増収をはるかに上回るばく大な量の朝鮮米が日本に積み出されました。一九三一（昭和六）年には日本への積み出しは、実に「併合」当時の一九倍近くにも達しました。朝鮮で生産された米の四割から五割、ときには六割にもおよびました。

朝鮮人一人当たりの年間の米の消費量は、産米増殖計画のはじまる前年を一〇〇とすると一九三三年には五六、実に半分近くまで減ったのです。

そのうえ、産米増殖計画では、日本人の郵便貯金や朝鮮人の税金から低利の融資を受けた日本の資本家・地主、土地改良工事に従事した土木業者を大いにもうけさせましたが、朝鮮人地主や農民は新たな灌漑施設を利用するのに水利組合にくみこまれ、その見返りに水利組合費を徴集されました。これを朝鮮農民は「水税」と言いましたが、米の買いたたきとこの水税によって、没落する朝鮮の農民が続出することになりました。

朝鮮で、南部では日本へ、北部では満州へ、朝鮮人の故郷からの離散が本格的に進んだのは一九二〇年代、この産米増殖計画と裏腹の関係でした。産米増殖計画がはじまった一九二〇年の在日朝鮮人の居住人口は約三万人でしたが、一〇年経った一九三〇年には約一〇倍、二九万八〇〇〇人になりました。満州では、一九三〇年には豆満江《とまんこう》対岸の間島《かんとう》省では住民の七六％を朝鮮人が占め、その数三九万人、満州全体では約六一万人に達していました。

朝鮮の社会は大混乱に陥っていたのです。満州では、日本の植民地支配に反対する朝鮮人の独立運動が進みました。それは陸続きの朝鮮にすぐ連動しかねない状況を作り出していたのです。

朝鮮の植民地支配をどう維持するか、そのために満州で新たな戦争を画策する動きは、朝鮮と満州に駐屯していた日本軍の間で連動していました――その記録は、別に機密文書ではなく、敗戦後の日本で月刊雑誌や資料集などの記録にたくさんあります。

日本軍＝関東軍が奉天（現在の瀋陽）近くの柳条湖で、南満州鉄道の線路を自分の手で爆破し、それを「中国軍」のしわざとして「満州事変」を引き起こしたのですが、その直前のことです。朝鮮に駐屯していた日本軍＝朝鮮軍の内部で、朝鮮北部から豆満江対岸に通じる鉄道をわざと爆破して、それを口実に日本軍を間島（朝鮮北東部に接する豆満江対岸の中国領の地域）に進撃させる計画がありました。朝鮮軍の参謀だった神田正種がその事実を書き残しています（神田正種「鴨緑江」、『現代史資料』七、満州事変、みすず書房、一九六四年）。

「満州事変」を引き起こした日本軍の首謀者たちは、「朝鮮の支配は満蒙（「満州」と内蒙古）をわが勢力のもとにおくことによって、はじめて安定する」（石原莞爾、当時、関東軍参謀）とか、「結局、満蒙問題を解決することなくして、本当のところ朝鮮の支配をなしとげることができないということは、朝鮮にいる有識者の一致した意見である」（板垣征四郎、同じく関東軍参謀）と言っていました。

中国の「五・四運動」にはふれても「三・一独立運動」は無視する、そういう歴史叙述が、明治以後の日本の近代史の認識を、どれだけ偏頗《へんぱ》なものにしているか。そのことに現在の日本のジャーナリズムはもっと自覚的であってほしいと思います。

ことほどさように、日本では、マスコミも学校教育でも、明治以後の日本が明治のはじめから対外膨張の目標、そして足場としてきた朝鮮に対してなにをしてきたのか、まともに教えず、知らせずにいます。

だから、日本人の大多数は、明治以後の日本が朝鮮・韓国になにをしたのか、について無知なだけでなく、朝鮮半島を舞台に登場した古代からの国々の歴史をなにも知らない、しかし偏見だけは根強くもっています。このことは裏を返せば、朝鮮、現在の韓国、北朝鮮をはじめ、アジアの国々、さらに世界の小さな国々について、相手の事情を考えてものをいう、そういう知性に欠けているということです。

特に朝鮮・韓国には、偏見だけは身につけているという人がたくさんいます。

こういう状況は、戦後日本の政府の内外政策の根幹をつらぬく「明治讃歌」にもとづく国民教育、とりわけ歴史教育政策に大きな責任があるのはいうまでもありません。

この状況をどう打開するのか、ただ日本政府を非難しているだけですむ問題ではありません。日本の市民一人ひとり、日本の学校の教師一人ひとり、教科書の執筆者一人ひとりが、日本の歴史をどう見て、どう理解しているか、子どもたちにどう教えるか、という問題ではありませんか。

「神話」を乗り越えよう

明治以後の日本で、日本の朝鮮侵略の歴史について、日本の政府や軍部という公権力が実際にしたことを隠し、ウソの話をひろげてきたことは、この本で縷々《るる》述べてきました。

その際、一方で「世界に冠たる神権天皇制の日本」と対比して、「朝鮮の後進性・落伍性・停滞性」がことさらに主張され、それが日本の朝鮮侵略をバックアップする理屈とされてきたことも述べました。

この理屈は、古代の天皇制国家が確立した七〜八世紀以来、日本列島を支配することになった天皇を頂点とする日本の支配者の間では、朝鮮半島の国々を野蛮な国とみる朝鮮蔑視の観念がひろめられ、それがその後ながく日本人の頭に刷り込まれてきた歴史を背負ってのものでもありました。

Ⅰ章で「神功皇后の三韓征伐」の神話を紹介しましたが、敗戦後の日本の歴史教育では「神話」は抹殺されただけで、その「神話」が日本の近代史のなかでどのような働きをして日本人の歴史的なものの考え方をどのようにダメにしたのか、という議論は歴史教育の分野でもおこなわれてきませんでした。

ここでは、問題提起的な話しかできませんが、私は、最近、韓国を代表する古代史研究者、盧《ノ》泰敦《テドン》先生の『古代朝鮮 三国統一戦争史』（橋本繁・訳、李成市・解説、岩波オンデマンドブックス、二〇一七年）を読んで、ある示唆を受けました。

皆さんも、日本の古代史で「大化の改新」、「近江の都」、「壬申《じんしん》の乱」、そしてこの乱に勝った大海人皇子《おおあまのみこ》が天武天皇となって「律令国家」ができあがり、飛鳥・藤原・天平の時代の文化が栄えていった——と、古代の天皇制が確立するこの時期のことは、近代史よりもよくご存じなのではないでしょうか。七世紀のなかごろから八世紀のはじめにかけてのことです。

中国大陸では隋が滅び唐が建国したのが六一八年、そしてその唐の影響が朝鮮半島にもおよび新羅が唐とむすんで百済や高句麗を滅ぼし、新羅が朝鮮半島をほぼ統一しました。七世紀後半のことです。東アジア世界の大変動の時代だったのですね。

この間、日本の大和王権は比較的厚い交流のあった百済を救援するため軍隊を送りますが、唐と新羅の連合軍に敗れ、大和王権の朝鮮半島での影響力はなくなりました。現在の韓国、忠清南道と全羅北道の境を流れる錦江の河口近くで、歴史的には白村江の戦いという戦争で敗れたのです（六六三年）。

このとき、数多くの百済人が大和王権の支配する日本列島に亡命してきました。

その亡命してきた百済人について盧泰敦先生はつぎのように述べています。

白村江の戦い以降、数多くの百済人が倭に亡命した。百済支配層だけでなく、一般民衆も相当数、海を越えていった。現在の関東地域である東国に居住した百済人二千名に、六六三年から三年間、倭の朝廷から食糧を供給している。

一方、倭に亡命した百済人のうち相当数は、彼らの才能を活用しようという倭の朝廷に登用された。……（盧先生の文章をはしょって紹介しますと――、大宰府の防禦のために築いた大野城などの築造責任者となったり、兵法に明るいこと、あるいは法制の専門家として官位をあたえられたり、そのほか医薬、五経、陰陽などに明るいという才能を評価されて官位を与えられたりしたものもありました――中塚）。

白村江の戦い以降、亡命した彼らの日本での生活は、たとえ専門家としての能力に対する高い評価が大きな力となったとはいえ、根本的に日本の朝廷の配慮に頼ってなされた。日本の皇室に寄生して明日の暮らしを立てていくほかないのが、彼らのもつ宿命であった。彼らは、百済復興と故国復帰を望んだが、自力で具体化する力量はなかった。彼らがこれを熱望すればするほど、実現の可能性は、日本勢力の朝鮮半島への介入に見出すほかなかったのである。彼らは、日本の朝廷が朝鮮半島への関心を維持するように深く注意を傾けたであろうし、このために朝鮮半島が早い時期から日本の天皇家に従属したという歴史像の構築に積極的に乗り出した。彼らが、百済存立当時の百済と倭、そして倭と加耶や新羅との関係史を振り返って整理記述する時に取った立場の大きな枠組みは推測できる。いわゆる百済三書は、彼らの叙述であるか、彼らの手を経て修正されたものと考えられ、そうした著述は『日本書紀』の内容構成に大きく作用した。また、『日本書紀』は、その後の日本人の対外意識、特に対朝鮮認識に大きな影響を及ぼした。白村江の戦いで流された百済人と倭人の血の呪いは、千数百年過ぎた今日まで作用して、韓日両国人の間の葛藤を焚きつけている。いまやその呪いから逃れねばならない。（二六一〜一六二ページ、傍線は中塚）

「神功皇后の三韓征伐」の話をはじめ、天皇の祖先がそのはじめから朝鮮を支配していたかのような神話は、壬申の乱など権力闘争に勝って、古代天皇制を打ち立てた古代日本の天皇、《天武・持統の時代》とそれをとりまく貴族たち＝古代天皇制の支配者たちと、一方、唐と新羅によって滅ぼされ日本列島に亡命してきて大和朝廷に庇護され重用されていた百済の貴族たち、彼らによって作り上げられた架空の話だったということではないでしょうか。

アジア太平洋戦争敗戦後もつづく神話史観

日露戦争前後の時期、日本を代表するような学者・知識人が「枯死国朝鮮」や韓国併合は「分家が本家に帰って来たのだ」など、新しい「神話」をつくったことはすでに述べました。

しかし、こうした「神話的朝鮮観」は、一九四五年の日本の敗戦後もつづきました。司馬遼太郎の『坂の上の雲』などに連綿と生き続けています。司馬遼太郎は太平洋戦争にはきびしい批判をもっていましたが、日清・日露戦争は「日本の防衛戦争だった」と主張し続けました。司馬はこう言っています。

日清戦争の「原因は、朝鮮にある。といっても、韓国や韓国人に罪があるのではなく、罪があるとすれば、朝鮮半島という地理的存在にある」（『坂の上の雲』、文春文庫・新装版〈二〉、一九九九年、四八ページ）。しかも「李王朝はすでに五百年もつづいており、その秩序は老化しきっているため、韓国自身の意志と力でみずからの運命をきりひらく能力は皆無といってよかった」（同右、五〇ページ）。だから、中国やロシアが朝鮮を支配すると、地政学的に見て日本の安全は守れない、そのために戦った日清戦争・日露戦争は、日本の防衛戦争だった、というのです。

また、一九八〇年一一月、金大中《キムデジュン》が軍事政権に死刑の判決を受けたときに司馬遼太郎は何といったでしょうか。「李朝五百年というのは、儒教文明の密度がじつに高かった。しかし、一方で貨幣経済（商品経済）を抑え、ゼロといってよかった。高度の知的文明を持った国で、貨幣経済を持たなかったという国は世界史に類がないのではないでしょうか。……ふつうならば商品経済が育てる平明な認識を、知的で先鋭な議論で代替させようとするところが、どこか残っているのではないでしょうか。……」（『朝日新聞』一九八〇年一一月四日）などと、「合理的思考が育たない韓国で金大中が死刑になるのもやむをえないか？」と、読者が受け取っても仕方のないような「今様神話」を大新聞に談話として載せたりもしたのです。

しかし、「李朝五百年は世界に例がない貨幣経済ゼロの国」というのは、もちろん事実ではありません。司馬遼太郎の思い込みによるウソの話にすぎません。

朝鮮では、貨幣の鋳造はすでに高麗時代からはじまっていました。李氏朝鮮の時代、生産力の発展にともない一七世紀後半以降には国家が鋳造する「常平通宝《サンピョントンボ》」が常時鋳造され、ひろく流通していました。また、儒教の内部から近代を志向する思想も生まれ、実学とよばれる多彩な文化も展開していました。

司馬遼太郎自身、一九八〇年代の終りには、「私なども、李氏朝鮮が日本の悪しき侵略に遭う（一九一〇年）まで朝鮮といえば朱子学の一枚岩で、そこには開化思想や実学（産業を重んじ、物事を合理的に考える学派）などはなかったと思っていた。いまは、だれもそうは思っていない」と、交遊のあった在日朝鮮人の歴史家、姜在彦《カンジェオン》（一九二六〜二〇一七）の朝鮮近代史研究に教えられ、朝鮮の歴史の見方を改めたことを告白しています（『文藝春秋』一九八九年八月号）。

「朝鮮停滞論・落伍論・他律論」では朝鮮独自の動きが見えない

「日清戦争」を日本と中国の戦争、「日露戦争」を日本とロシアの戦争とだけ理解するのは大きな間違いです。両者とも、はじめに日本軍は朝鮮に上陸し、朝鮮の土地を占領し、朝鮮・韓国

（一八九七年、朝鮮は大韓帝国と称する）政府を制圧することが大きな目標であったのです。――ところが、朝鮮でさまざまな抵抗に直面します。当然ですね。朝鮮は数千年の歴史と伝統をもつ国家・民族ですから。

大昔のことはひとまずおいても、一〇世紀のはじめ、朝鮮半島では高麗王朝が朝鮮半島全体を統一しました。それからでも一〇〇〇年の間、現在の朝鮮民主主義人民共和国と大韓民国をあわせた朝鮮半島の境域で、共通の文化と生活を営んできたのです。

朝鮮・韓国は、ドイツやフランスなどよりずっと古くからの統一国家を維持してきた国、民族でした。

高麗に代わって李成桂が朝鮮王朝（朝鮮半島にできた王朝で王朝名に「朝鮮」をつけたのは、この李氏朝鮮王朝がはじめてです）を建国したのは、日本の南北朝時代の終わった年、一三九二年のことです。朝鮮王朝は明治になって日本の侵略に直面しますが、建国から五〇〇年の歴史（江戸時代の倍）をもった王朝でした。

しかも、日本に対しては、三〇〇年前の豊臣秀吉による侵略の辛酸とそれを撃退した民族的記憶を国民は共有しています。一九世紀の末期には、当然のことながら朝鮮王朝は世界の各国と独自の外交関係を持っていました。前に書きましたが、日清戦争当時、朝鮮が条約を結んで国交関係を持っていた国は、日本、清国、アメリカ、イギリス、ドイツ、イタリア、ロシア、フランス、オーストリア＝ハンガリー帝国の九カ国です。日露戦争の前には、ベルギー、デンマークが加わり、一一カ国と独自の外交関係を持っていました。

朝鮮を「停滞・落伍・他律の国」という見方では、日清・日露戦争の時期に、朝鮮がこれほどの国々と国交を持っていた、だから当然独自の外交的動きがあったなどということは、視野に入ってきません。当時、朝鮮王朝・大韓帝国として独自の外交政策があり、国王や王妃、また貴族・官僚たちのなかにも、困難な国際状況のなかにあって、朝鮮の自主、自立のために懸命の努力を払っていた人たちがいました。当然のことです。しかし、このことについて、日本人は考えが及ばないのです。

これは現在の日本人の歴史研究者にも通じる欠陥、死角です。

日本が保護しないと中国やロシアの食い物にされ、日本の安全は守れない、というのは日本の朝鮮侵略を「正当化する」のと、日清・日露戦争で、日本が朝鮮に対してどのように振る舞ったのかを覆い隠すための「理屈」に過ぎないのではありませんか。

これは「日本問題」である

朝鮮「停滞・落伍・他律論」では、朝鮮独自の動きが見えてきません。しかし、実際には日本は朝鮮を制圧する過程でさまざまな朝鮮側の抵抗を受けました。日本はそれを公表できないような仕業で妨害し、圧殺してきたのです。日清戦争の場合には朝鮮の王宮占領や抗日に立ち上がった朝鮮人を皆殺しにした軍事作戦がそうでした。日清戦争後には、再び王宮に侵入し、国の自主・自立のために尽力していた皇后を寝室に襲い、惨殺するという、世界の帝国主義史上にも例のないことまでしでかしたのです。

日本が朝鮮に対してとった仕業、またその情報の公開の仕方等々、これは朝鮮の問題ではありません。

日本政府や日本の軍隊、日本人のしたことで、それはまさしく「日本の問題」です。事がすんだ後に日本政府や軍の指導者は「してやったり」と思ったかもしれません。しかし国際的にも国内でも事実を公表できませんでした。やったことを隠したのです。隠してやがて忘れ、日本のした不法・不義が後になにを遺すか、わが身である「日本」にどんな後遺症をもたらすか、そこまで考えが及ばなくなりました。

日清戦争からわずか五〇年で、日露戦争からは四〇年で、朝鮮をはじめ中国を犠牲にして成り上がった「日本帝国」は崩壊しました。その敗戦から七〇余年がたちました。

しかしなお、「安重根は犯罪者だ」と言い放つ政府が日本にあります。日露戦争は植民地の解放戦争であったかのように公言する政府が日本にあります。日本の侵略戦争中、戦場に動員され

「性奴隷」にされた女性のことを忘れず、二度とそういうことが起こらないことをめざして少女の像を建てたサンフランシスコ市に抗議して「友好都市」の関係を廃棄した大都市がこの日本にあります。……それがいまの日本です。

明治日本の歴史の偽造は、今日の日本の頽廃、頽廃を頽廃とも思わない歴史無知、国際感覚不感症の根源だと私は確信しています。

未来を生きるには歴史を顧みることが必要だ——とは、日本でも世界でも多くの人たちが言ってきたことです。

しかし、いまの日本では、日本政府をはじめマスコミもふくめて、日本人は韓国や北朝鮮はもとより中国などの国々から、「歴史」といわれると身構えてしまう、「歴史恐怖症」のような症状があります。

日本政府が主導した「明治一五〇年」のキャンペーンは、歴史を語っているようでそうではありません。政府の主導で地方自治体でも「明治一五〇年」の企画が進められました。

たとえば京都府では、「明治一五〇年　京都創生」のキャッチフレーズで、産・学、府や市が一体となって、京都の未来を考える、とする企画が二〇一八年から一九年にかけて進められました。しかし、この企画を市民に伝える『府民だより』(二〇一八年九月号)に載った一八六八年からの略年表風の記事には、日清戦争も日露戦争もアジア・太平洋戦争も、その片鱗さえ書かれていません。

一方で、韓国や北朝鮮、中国などについてのフェイクニュースは、特にネットの世界では横行しています。

日本が明治以後、朝鮮や中国に侵略した事実を正視したくない、そんなことをしても未来志向での相互友好に役立たない、という考え方もなかなか根強いものです。

日本の侵略のいやな話ではなく、植民地時代、日本と朝鮮の交流につとめた人や、朝鮮の民俗や美術を称揚した人たち、そんな人たちの交流の歴史をもっと明らかにすべきだ、という主張も強くあります。――こういう研究・交流ももちろん大切です。大いにすすめるとよいと思います。

しかし、私が言いたいのは、明治以後の日本が朝鮮をはじめアジアの国ぐにに対しておこなった侵略戦争・植民地支配の事実、この事実に目を閉ざしては、「友好・交流」はあり得ないし、日本自身が平和で、市民の一人ひとりが世界に創造的に生きる、その未来図は描けないということです。

「明治以後の日本が朝鮮にした事実」は、この本でもその一部を具体的に明らかにしてきましたが、それは「朝鮮問題」ではなく「日本問題」なのです。

「近代日本というのはどんな国だったのか」――それを明らかにするには、とりわけ日本の朝鮮侵略の研究、その事実の認識、普及は、この日本にとって不可欠だと私は考えています。

どの国にも他国に誇れない歴史がある。米国人はインディアン虐殺や黒人差別、ベトナム戦争を誇れない。だがいま学校で教えている。近年、歴史を直視し次世代に継承する重要性が強く意識されるようになった。日本はこの点で遅れている。「自分が誇れない過去を認めることにプライドを持とう」。それが助言だ。

（ジェラルド・カーティス米コロンビア大教授。『琉球新報』二〇一四年一月六日）

歪んだ「歴史認識」をどう立てなおすか、傾聴すべき意見です。

最後に、私たちは二〇〇六年から「東学農民軍の歴史を訪ねる旅」（富士国際旅行社企画）を毎年おこなっています。日本と韓国の市民が共同して往く日韓の民間交流の旅です。

東学農民を皆殺しにしたのは、私（一九二九年生）の祖父の世代の日本人です。私にとっては「三代前の話」です。「そんな話は知りません」——といっていては「日韓の、日朝の、日中の友好交流は成り立ちません。未来は拓けません。

明治以後の日本が、アジア、とくに朝鮮でなにをしたのか、その勉強、その研究、それを土台に、民間交流、相互理解が本当にひろがり、そのうえに未来の歴史を切り拓くことができるものと私は確信しています。

あとがき——六〇年の「研究・執筆活動」をふりかえって

私は昨年「卆寿《そつじゅ》」を迎えました。ここで私の研究をふりかえり、お世話になった編集者の方々にお礼を申し上げ、あとがきにかえたいと思います。

私は主に日清戦争について研究してきました。第二次世界大戦後はじめての『岩波講座日本歴史』に「日清戦争」を書いたのがその初めです（同講座、17・近代4、一九六二年一一月）。国会図書館の憲政資料室で公開されたばかりの『陸奥宗光関係文書』を閲覧し、日清戦争当時の日本政府の政策意図を明らかにしている第一次史料を活用して書きました。私の研究の第一歩となった、その原稿を担当してくれた編集者が石原保徳さんでした。彼はその後、大航海時代叢書の編集にたずさわり、ご自身もラス・カサスの研究など、大航海時代の歴史を問う大きな仕事をされました。終生の友人となりました。

間もなく青木書店の山家豊さんからお話があり、『日清戦争の研究』（一九六八年）が私の研究書第一号として刊行されました。編集・出版には島田泉さんのお世話になりました。私は研究の成果を広く市民に普及することは研究者の社会的責任と考えていましたが、それがまず『近代日本と朝鮮』（三省堂新書）として、翌年、実現しました。この時、担当の編集者が梅田正己さんでした。今日に至るまでの梅田さんとの出会いのはじまりです。

第一次史料にもとづいて歴史叙述をする、その醍醐味は陸奥宗光が書き残した日清戦争の外交秘録、『蹇蹇録』の研究でいっそう深まりました。『陸奥宗光関係文書』の『蹇蹇録』関係の史料をもとに、『蹇蹇録』の成り立ちを明らかにすることは、山辺健太郎さん（一九〇五〜七七）が自分の仕事として考えていたことでした。ところが山辺さんが急逝し、岩波文庫の『蹇蹇録』改訂の仕事を私がすることになりました。（山辺健太郎さんについては、後出の小著『歴史家山辺健太郎と現代』を参照してください）。

岩波文庫編集部の平田賢一さんから依頼された岩波文庫の『蹇蹇録』改訂の仕事は、一九八三年、『新訂蹇蹇録』の刊行で実を結びました。この仕事は、史料批判とはどういうことなのかを私に教えてくれた貴重な体験となりました。『新訂蹇蹇録』は現在、十五刷、中国でも解説も含めて全訳され、二〇一八年、簡体字本の『蹇蹇録』が生活・読書・新知三聯書店から刊行されました。

ところで、みすず書房の創業者で第二次世界大戦後の日本の出版界を代表する編集者の一人として著名な小尾俊人さんは、同書店のぼうだいな業績、『現代史資料』の編集・刊行を通して、山辺健太郎さんと長いおつきあいがありました。山辺さんをどう見ていたか、小尾さんの『昨日と明日の間』（幻戯書房、二〇〇九年）に「山辺健太郎の知性」が収録されています。

山辺さんとの縁で私がすることになった『新訂蹇蹇録』の仕事を注目しておられた小尾さんから、『蹇蹇録』について本を書かないかと打診されたのは一九八〇年代の中ごろでした。そのころ私は公私とも多忙で、このお話は小尾さんがみすず書房にご在職中には実現できなかったのですが、次いで編集長となられた加藤敬事さんのもとで、『「蹇蹇録」の世界』として実現しました（一九九二年）。加藤さんの丁寧な本づくりに感動しました。二〇〇六年には、山禄和浩さんにお世話になり、新装増補版を出すことかできました。


この『「蹇蹇録」の世界』は、私が奈良女子大学を定年で退職する前に、いわば「第二の卒業論文」とも思い上梓したものです。翌年、退職しましたが、一九九四年、福島県立図書館佐藤文庫で日清戦争の戦史の草案に出会い、これをきっかけに私の研究が新しい方向に向うことになりました。翌年、北海道大学文学部で「韓国東学党首魁」のドクロが見つかり、それも契機になって、井上勝生さんや韓国の朴孟洙さんたちとの交流が始まりました。本書に書いた通りです。

また、私の著作の出版にも転機が訪れました。「高文研」を創業しその代表として活躍されていた梅田正己さんと二十数年ぶりに再会したのです。高文研は一般市民を対象として精力的に活動している出版社でした。その姿勢、感覚から、梅田さんは朝鮮王宮占領の記録とその研究成果を早く出版することを勧めてくださいました。そして『歴史の偽造をただす』（一九九七年）が出版されました。また日本政府の歴史教科書検定問題が国際的な批判を浴びる中で、梅田さんのご提案で市民向けの日本と韓国・朝鮮の関係史、『これだけは知っておきたい日本と韓国・朝鮮の歴史』（二〇〇二年）を出版することになりました。この本は好評を得て、現在まで十一刷、約二万五千部が世に出ました。韓国語版も出て、日韓の市民交流の大きなきっかけとなりました。

梅田正己さんとの再会以来、高文研では九冊もの私の著作を出版していただきました。第一刷の年月を書き添えて列記しておきます。（＊は韓国で翻訳されているものです。）

＊『歴史の偽造をただす　戦史から消された日本軍の「朝鮮王宮占領」』（一九九七年一一月）
『歴史家の仕事　人はなぜ歴史を研究するのか』（二〇〇〇年七月）
＊『これだけは知っておきたい　日本と韓国・朝鮮の歴史』（二〇〇二年六月）
＊『現代日本の歴史認識　その自覚せざる欠落を問う』（二〇〇七年五月）
＊『司馬遼太郎の歴史観　その「朝鮮観」と「明治栄光論」を問う』（二〇〇九年八月）
『ＮＨＫドラマ「坂の上の雲」の歴史認識を問う　日清戦争の虚構と真実』
（安川寿之輔・醍醐聡氏と共著、二〇一〇年六月）
＊『東学農民戦争と日本　もう一つの日清戦争』（井上勝生・朴孟洙氏と共著、二〇一三年六月）

＊『日本の朝鮮侵略史研究の先駆者　歴史家 山辺健太郎と現代』（二〇一五年一二月）
『日本人の明治観をただす』（二〇一九年二月）

いずれも市民への問いかけを志して書きました。そして梅田正己さんをはじめ高文研のスタッフと息のあった出版の作業でした。

今回の『日本人の明治観をただす』でも、梅田正己さんほか、現代表の飯塚直さん、編集を担当してくださった真鍋かおるさんたち、高文研の皆さんに大変お世話になりました。長年のご好誼とあわせて厚くお礼申し上げます。

最後になりましたが、私の研究をたえず励まし続けていただいた奈良女子大学文学部史学科の卒業生の諸姉に感謝をこめて、あとがきを終わります。

ありがとうございました。

二〇一九年　己亥元旦

中塚明

中塚　明（なかつか・あきら）
1929年、大阪府に生まれる。日本近代史、特に近代の日朝関係の歴史を主に研究。奈良女子大学名誉教授。
主な著書に『日清戦争の研究』（青木書店）、『近代日本と朝鮮』（三省堂）、『蹇蹇録の世界』（みすず書房）、『歴史の偽造をただす』『歴史家の仕事』『これだけは知っておきたい日本と韓国・朝鮮の歴史』『現代日本の歴史認識』『司馬遼太郎の歴史観』『歴史家　山辺健太郎と現代』（以上、高文研）など。
共著書に『ＮＨＫドラマ「坂の上の雲」の歴史認識を問う』『東学農民戦争と日本』（以上、高文研）がある。

日本人の明治観をただす

●二〇一九年　二　月二五日――――第一刷発行

著　者／中　塚　明

発行所／株式会社 高文研
東京都千代田区神田猿楽町二―一―八
三恵ビル（〒一〇一―〇〇六四）
電話０３＝３２９５＝３４１５
http://www.koubunken.co.jp

印刷・製本／シナノ印刷株式会社

★万一、乱丁・落丁があったときは、送料当方負担でお取りかえいたします。

ISBN978-4-87498-672-1　C0021